Alexandra Cavelius

Qigong

MidenA

Alexandra Cavelius

Qigong

Die magische Kraft
der Qigong-Kugeln nutzen

MiDenA

Inhalt

Die chinesische Philosophie hatte auf die medizinische Entwicklung des Landes einen maßgeblichen Einfluss.

Für das Spiel mit den Qigong-Kugeln sind die Meridianpunkte der Hand von großer Bedeutung.

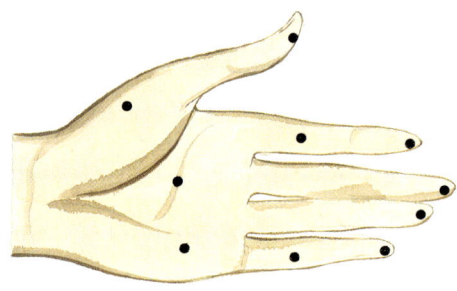

Übungen mit den Qigong-Kugeln

Es gibt unzählige Möglichkeiten, die Qigong-Kugeln anzuwenden.

Wissenswertes über die Qigong-Kugeln

Es gibt keine genaue Kenntnis über die Entstehungsgeschichte der Qigong-Kugeln.

Vorwort

Gesundheit und ein langes Leben sind heutzutage nicht nur wenigen Glücklichen vorbehalten, sondern so gut wie jeder, der für sein Wohlbefinden sorgt, kann das erreichen. Eine Möglichkeit, diesem Ziel näher zu kommen, ist das regelmäßige Training mit den chinesischen Qigong-Kugeln. Es hilft zuverlässig und schnell bei den unterschiedlichsten Beschwerden, und außerdem sind die Übungen kostenlos und garantiert ohne Nebenwirkungen.

Alternative Heilverfahren

Wegen ihrer Einfachheit und Wirksamkeit haben die Heilübungen der traditionellen chinesischen Medizin mittlerweile auch im Westen eine große Anhängerschaft gefunden.

Qi, sprich »dschi«, bedeutet Lebensenergie. Gong, sprich »gung«, heißt soviel wie Arbeit. Qigong bedeutet also dem Wortsinn nach etwa »Arbeit an der Lebensenergie«.

Viele Menschen wenden sich heute vermehrt alternativen Heilverfahren zu, weil sie mit unserer westlichen Medizin, die üblicherweise nur die Symptome einer Krankheit, nicht aber deren Ursachen behandelt, unzufrieden sind. Die traditionelle chinesische Medizin als ganzheitliche Heilkunst betrachtet dagegen Körper, Seele und Geist als Einheit.

Wir verfügen zwar über die erstaunlichsten Errungenschaften in Wissenschaft und Technik, was aber die Forschung im Gesundheitssektor betrifft, sind wir den Chinesen in mancher Hinsicht unterlegen.

Die Selbstverantwortlichkeit des Einzelnen

Ein Prinzip der chinesischen Medizin ist, dass sich der Mensch für seine Gesundheit und die Vorbeugung von Krankheiten selbst verantwortlich fühlt. Voraussetzung dafür ist, dass man mit dem eigenen Körper in Kontakt tritt und seine Bedürfnisse kennenlernt. Nehmen Sie – im wahrsten Sinne des Wortes – mit den Qigong-Kugeln Ihre Gesundheit in die Hand!

Mit Hilfe der Kugeln können Sie das Zusammenspiel von Körper, Seele und Geist erfahren. Beim Training bietet sich Ihnen die Möglichkeit, auf einfache Weise die körpereigenen Heilkräfte zu aktivieren und so für Ihre Gesundheit zu sorgen.

Aktivieren Sie Ihre Selbstheilungskräfte!

Durch ein regelmäßiges Training mit den Kugeln werden die Selbstheilungskräfte des Körpers freigesetzt; die Balance zwischen den gegensätzlichen Kräften Yin und Yang wird hergestellt. Durch ein regelmäßiges Training mit den Kugeln verbessern sich nachweislich Beweglichkeit und Geschicklichkeit der Hände; außerdem werden das Immunsystem und die inneren Organe gestärkt.

Die Übungen sind leicht zu erlernen und für jede Altersstufe geeignet. Die einzige Voraussetzung, die man mitbringen muss, ist ein guter Wille.

Zwar kann man mit unseren wissenschaftlichen Methoden manche der oft geheimnisvoll erscheinenden Theorien der chinesischen Medizin kaum erklären, andererseits gibt es aber auch keine schlüssigen Beweise dafür, dass sie falsch sind.

Qigong-Kugeln – seit Jahrtausenden wirksam

Unbestreitbar ist, dass die chinesischen Behandlungsmethoden nicht selten auch dort Heilerfolge zeigen, wo die europäische Medizin nur lindern kann oder sogar aufgeben muss. Vertrauen wir deshalb den Erfahrungen aus Jahrtausenden und begnügen uns mit der Erkenntnis: Wer heilt, hat Recht!

In diesem Buch werden zwar einige Anleitungen zur Selbstbehandlung gegeben, das soll jedoch keineswegs ärztliche Anordnungen ersetzen. Wichtig ist, dass am Beginn jeder Eigentherapie immer die Diagnose des Arztes stehen muss. In den meisten Fällen wird er jedoch keine Einwände gegen unterstützende Maßnahmen des Patienten haben.

Amerikanischen Chinesen ist der Begriff »Qigong« meist nicht geläufig. Sie nennen die Kugeln einfach »metal balls for exercise«.

Traditionelle chinesische Medizin (TCM)

Um die Wirkungsweise der Qigong-Kugeln zu verstehen, ist ein kurzer Ausflug in die traditionelle chinesische Medizin notwendig. Vieles davon wird Ihnen ungewohnt vorkommen. Versuchen Sie daher, sich von eingefahrenen Denkmustern zu lösen, denn dann können Sie sich desto besser der chinesischen Gedankenwelt öffnen.

Die traditionelle chinesische Medizin hat sich in einem Zeitraum von 5000 Jahren entwickelt.

In jeder größeren Stadt gibt es heute Institute, die sich mit chinesischen Atem- und Bewegungstechniken befassen. In München zum Beispiel die Qigong Akademie.

Abriss der chinesischen Heilkunde

Da es sich dabei um ein sehr umfangreiches Wissen handelt, das sich in etwa 5000 Jahren entwickelt hat, würde eine tiefer gehende Erklärung den Rahmen dieses Buches sprengen. Die chinesische Heilkunde soll deshalb nur in einer kurzen Übersicht dargestellt werden.

Den Unterschied im europäischen und chinesischen Denken vergleichen manche Völkerkundler gern mit dem menschlichen Gehirn, das sich aus zwei Hemisphären zusammensetzt. Das westliche Denken wird dabei der linken Hirnseite zugeordnet, dem Sitz für das logische, mathematische und analytische Verständnis, das ostasiatische Denken hingegen wird mehr mit der rechten Hirnhälfte in Verbindung gebracht. Denn hier sind nicht nur Intuition und Fantasie angesiedelt, sondern hier befindet sich auch das ganzheitliche Begreifen. Jede Seite hat ihre Stärken, und beide ergänzen sich sehr gut.

Vereinfacht kann man sagen, dass die Menschen im Westen die äußere Welt erforschen, die Natur beherrschen und sie sich unterwerfen wollen, während die Asiaten nach innerer Erkenntnis streben: Der Philosophie des fernen Ostens liegt die enge Verbindung bzw. die Abhängigkeit von Mensch und Natur zugrunde.

Der Gesundheitsbegriff in der chinesischen Medizin

Unter dem Begriff Gesundheit versteht man im Reich der Mitte nicht nur die Abwesenheit von Krankheit, sondern damit ist vielmehr eine ganze Lebensweise verbunden. Dabei spielt die Selbstverantwortlichkeit des Einzelnen eine große Rolle – jeder trägt selbst ganz allein die volle Verantwortung für seinen Körper! Höchstes Ziel der chinesischen Medizin ist die Vermeidung von Krankheiten, nicht deren Bekämpfung. Im alten China war es sogar üblich, den Arzt nur dann zu bezahlen, wenn man gesund war. Aber auch heute noch sind die chinesischen Ärzte in erster Linie darum bemüht, Krankheiten vorzubeugen.

Einheit von Geist, Körper und Seele

Die chinesische Medizin war schon »ganzheitlich«, lange bevor dieses Schlagwort bei uns aufgegriffen und populär wurde. Die Chinesen betrachten den Menschen als eine Einheit aus Geist, Körper und Seele. Gleichzeitig ist er aber auch Bestandteil einer umfassenden kosmischen Ordnung, in der sich wiederum selbst die kleinsten Teilchen gegenseitig beeinflussen. Anders als bei uns beziehen sich in der chinesischen Heilkun-

Mit Beginn der 50-er Jahre wurden an chinesischen Universitäten Sonderabteilungen für die traditionelle Medizin eingerichtet. Deren Grundzüge sind eine ganzheitliche Sicht sowie die Kategorien Yin und Yang.

LEBENSKRAFT QI

»Der Mensch lebt inmitten von Qi, das den Menschen erfüllt. Von Himmel und Erde bis zu den zehntausend Wesen bedarf alles des Qi, um zu leben«, heißt es in einem medizinischen Text aus dem vierten Jahrhundert.

»Eine schon ausgebrochene Krankheit zu heilen, ist, als würde man mit dem Graben eines Brunnens beginnen, wenn man Durst kriegt«, meinte Chi Po, Hofarzt des legendären Gelben Kaisers, vor über 4000 Jahren.

de die Körperfunktionen und Krankheiten nicht automatisch auf Organe, Nerven oder den Blutkreislauf. Die Chinesen stellen vielmehr die lebenserhaltende Energie, Qi genannt, in den Mittelpunkt dieser Betrachtungen.

Qi – die lebenserhaltende Energie

Unter Qi versteht man eine Energie, eine Art formlose und unsichtbare Substanz, die durch den menschlichen Körper fließt, aber auch das gesamte Universum erfüllt. Im Westen übersetzt man Qi auch mit »Urkraft« oder »Lebensenergie«. Das Qi durchströmt auf so genannten Leitbahnen oder Meridianen den ganzen Körper, und so lange das Qi ungehindert fließen kann, befindet sich der Mensch im Gleichgewicht und ist gesund. Wird der Fluss dieser Lebensenergie aus irgendwelchen Gründen gestaut, blockiert oder behindert, entsteht eine Krankheit. Um dem vorzubeugen bzw. die Lebensenergie ungehindert im Körper strömen zu lassen, sollte man neben einer ausgewogenen Ernährung beispielsweise auch heilgymnastische Übungen mit Qigong-Kugeln, Schattenboxen oder eine Qigong-Atemtherapie durchführen.

Das Erkennen von Krankheiten

Die Früherkennung von Störungen im Körper ist eine Spezialität der Chinesen. So lassen sich mit den Methoden der traditionellen chinesischen Medizin Krankheiten bereits erkennen, wenn mit den diagnostischen Hilfsmitteln der westlichen Schulmedizin wie etwa EKG, Röntgen oder Computertomographie noch keine organischen Schäden festgestellt werden können.

Die Behandlung des Patienten

Der ideale chinesische Arzt behandelt jeden Patienten ganz individuell. Er stuft den Kranken nicht in bestimmte Kategorien ein, sondern erfasst so gut wie möglich seinen gesamten körperlichen und geistigen Zustand, und er beachtet dabei auch die Beziehungen des Betreffenden zu seiner Umwelt. Typische Methoden zur Behandlung einer Krankheit können bei der chinesischen Heilkunde beispielsweise Akupunktur, Arzneitees oder Schröpfen sein. Krankheitssymptome beschreiben die Chinesen mit Umwelterscheinungen wie Wind, Kälte und Hitze. So bezeichnet beispielsweise ein chinesischer Arzt mit Hitze in einem Organ das, was wir im Westen Entzündung nennen würden. Tatsächlich geht die Abwehrreaktion mit Erhitzung einher.

In der TCM ist Ausgeglichenheit der wichtigste Faktor für die Gesundheit. Dazu gehört aber auch, dass Sie sich mit Qigong selbst die Energie für den Tag liefern.

Die Wandlungsphasen des Menschen

In der chinesischen Heilkunde unterscheidet man fünf Wandlungsphasen. Diese Vorgänge repräsentieren die Elemente: Holz, Feuer, Metall, Wasser und Erde. Diese fünf Phasen kann man beispielsweise zur Beschreibung des jährlichen Zyklus anwenden. Dabei entspricht Holz dem Frühling, Feuer dem Sommer, Metall dem Herbst, Wasser dem Winter und Erde stellt den Übergang von einer Jahreszeit zur nächsten dar. Diese Entsprechungen sind als »Kreislauf der gegenseitigen Erzeugung« bekannt. Danach erzeugt Holz Feuer, Feuer Erde, Erde Metall, Metall Wasser und Wasser erzeugt Holz – der Kreislauf ist geschlossen. Auch gibt es wie beim Yin-Yang-System symbolische Entsprechungen im Körper. So entspricht Holz etwa dem Funktionskreis Leber, Feuer dem Funktionskreis Herz.

DIE WANDLUNGSPROZESSE DES KÖRPERS

Die Wandlung ist ein Grundpfeiler der chinesischen Heilkunde.
Wandlung und Veränderung im Körper werden nicht als lästige und unnötige Prozesse bewertet, sondern als das Wesentliche im Leben des Menschen erkannt.

Chinesische Philosophie und Medizin

Auf die Entwicklung der Medizin in China hatte die chinesische Philosophie einen maßgeblichen Einfluss.

Bei der Erforschung des menschlichen Körpers setzen die Ärzte in China auf Beobachtung und Erfahrung, was zur Entwicklung der empirischen Medizin geführt hat.

Bevor die Heilkunst in China zur Wissenschaft wurde, glaubten die Chinesen, dass Krankheiten durch böse Geister hervorgerufen würden. Dieser Glaube wurde langsam verdrängt, als ab dem vierten und dritten Jahrhundert v. Chr. der Taoismus (auch Daoismus) und der Konfuzianismus die chinesische Kultur zu beeinflussen begannen.

Diese beiden Zweige der chinesischen Philosophie haben ihre Wurzeln in einem der ältesten Bücher der Welt, dem Orakelbuch »I Ging« (Buch der Wandlungen), einem klassischen Werk des Konfuzianismus.

Taoismus und Konfuzianismus

Der Taoismus

Der Begründer des Taoismus, Lao-tse (ca. 480–390 v.Chr.), spricht vom Tao, was wörtlich übersetzt unter anderem »der Weg«, aber auch »Ordnung der Natur« heißt.

Das Tao deutete Lao-tse als göttliches Urwesen, aus dem die Welt entstanden ist und in das alle Dinge wieder zurückkehren. Beim Taoismus handelt es sich um eine Naturphilosophie, in der der Mensch nicht das Zentrum aller Dinge bildet, sondern sich in die Natur einordnen muss. Ein Ziel dieser Philosophie ist die Besinnung auf eine einfache Lebensweise.

Im Taoismus bilden Mensch, Natur und Kosmos eine Einheit.

In der Han-Zeit (206 v. Chr.–220 n. Chr.) galt es im Taoismus als höchste Stufe, die Verlängerung des Lebens und die Unsterblichkeit des Leibes zu erreichen. Um diesem Ziel nahe zu kommen, lebte man gesund, machte regelmäßig gymnastische Übungen, ernährte sich ausgewogen und trainierte bestimmte Atemtechniken. Krankheiten vorzubeugen, Möglichkeiten zu finden, wie man dies erreichen konnte, war also damals schon der entscheidende Grundgedanke, der bis heute in der chinesischen Medizin erhalten geblieben ist.

Der Konfuzianismus

Im Gegensatz zum Taoismus war der Konfuzianismus eine Moralphilosophie, in der unter anderem religiöse, soziale und lebensanschauliche Aspekte bestimmend waren. Der Begründer dieser Lehre, Kung-fu-tse (551–479 v.Chr.), verfolgte Ziele wie Gerechtigkeit, Friede und Achtung vor dem Individuum. In der Gesellschaft sollte sowohl der Einzelne für sich nach Vollkommenheit streben als auch für das Wohlergehen der Gesamtheit aktiv werden.

In der Han-Zeit entwickelte sich der Konfuzianismus aber immer mehr zu einem stark hierarchischen, bürokratischen und von starren Regeln beherrschten Gesellschaftssystem.

Für diese philosophische Richtung lag die Quelle des Wissens im Rationalismus und in der Scholastik (lat.: Schulwissenschaft). Auf dieser Grundlage entwickelte sich auch der theoretische Bereich der chinesischen Medizin.

Der Buddhismus

In der chinesischen Kultur spielt aber auch der Buddhismus eine bedeutende Rolle. Diese Religion, die im ersten Jahrhundert n. Chr. immer mehr Verbreitung fand, trug allerdings wenig zur Entwicklung der Medizin in China bei, da sie wissenschaftliche Forschung grundsätzlich ablehnte.

Die Gebote des Buddhismus jedoch – ein enthaltsames Leben und das Streben nach einem Zustand der absoluten Ruhe – haben in der chinesischen Medizin ihren Niederschlag gefunden.

Für die Forderung nach einer mönchischen Existenz fühlen sich die meisten Chinesen aber zu sehr an die Welt gebunden. Lebensdurst widerspricht dem buddhistischen Heilsweg.

Der Konfuzianismus entwickelte sich aus dem altchinesischen Ahnenkult, der Taoismus aus der Naturverehrung, der Buddhismus trat später hinzu. Viele Chinesen fühlen sich jeder der drei Religionen zugehörig oder entwickeln eine Synthese daraus.

Übersetzt bedeutet Buddha »der Erwachte, der Erleuchtete«.

Nach der chinesischen Lehre von der Struktur der Welt verursachen die Wechselwirkungen von Yin und Yang alle Veränderungen auf der Erde und im Himmel.

Yin und Yang

Eine taoistische Weisheit besagt: »Wenn das Herz ruhig ist, sind Yin und Yang in Harmonie.«

Ausgeglichenheit und Harmonie – äußerlich wie innerlich – sind die Grundvoraussetzungen, um gesund zu sein und zu bleiben. In diesem Zusammenhang haben die Chinesen die Begriffe Yin und Yang geprägt. Dabei handelt es sich um zwei gegensätzlich Kräfte, die immer im Gleichgewicht sein sollten.

Die Lehre von Yin und Yang tauchte zum ersten Mal im »I Ging« auf. Übersetzt bedeutet Yin so viel wie Schattenseite (dunkel), Yang Sonnenseite (hell).

Zusammengehörigkeit der Gegensätze

Alles im Leben ist durch diese beiden gegensätzlichen Aspekte gekennzeichnet, alles hat eine Yin- und eine Yang-Seite. Yin und Yang bedeutet: Alles ist in Bewegung, nichts ist gleichbleibend.

Diese Kräfte stehen für Gegensätze wie beispielsweise Ruhe

14

und Bewegung, Plus und Minus, dunkel und hell, schwach und stark, weiblich und männlich. Eines bedingt das andere, und keines kann ohne das andere existieren – es gibt sie immer zusammen. Die Symbolik von Yin und Yang veranschaulicht am besten das traditionelle taoistische Zeichen.

Wenn das Verhältnis von Yin und Yang gestört ist

Nach den kosmischen Gesetzen, die zwischen Himmel, Erde und den Sternen gelten, teilt man auch den menschlichen Körper in Yin und Yang ein. Die Vorderseite entspricht Yin, die Rückseite Yang. Die obere Hälfte ist mehr Yang als die untere. Links gilt als Yang und rechts als Yin, die Haut als Yang und die Knochen als Yin.

Typische Yin-Krankheiten sind beispielsweise niedriger Blutdruck, Blässe und Unterleibsbeschwerden.

Yang-Zustände zeigen sich in hohem Blutdruck, Überaktivität oder Reizbarkeit.

Jeder der einzelnen Yin- und Yang-Aspekte kann wiederum in Yin und Yang unterteilt werden. So besteht Temperatur aus

Die Philosophie von Yin und Yang darf nicht zum Denken in starren Gegensätzen verleiten. Eine unbewegliche, mechanistische Richtung war etwa die Aufteilung der Menschen in Materialisten und Idealisten.

DAS YIN-YANG-ZEICHEN

Die kleinen Kreise in gegensätzlichen Farben zeigen, dass im dunklen Yin auch helles Yang enthalten ist und umgekehrt. Die geschwungene Trennungslinie verdeutlicht das dynamische Ineinanderfließen von Yin und Yang. Sie schaffen einander, kontrollieren sich gegenseitig und verwandeln sich ineinander. Durch das Wechselspiel von Yin und Yang werden auch die fünf Elemente Feuer, Wasser, Erde, Holz und Metall geschaffen. Im ewigen Austausch von Ying und Yang wird die Lebensenergie Qi freigesetzt.

Im Zentrum der chinesischen Philosophie steht das Leben im Augenblick und der Weg des Menschen als soziales Wesen, das gleichzeitig in die Natur eingefügt ist. Die Forderung nach Logik und Erkenntnis rückt in den Hintergrund.

kalt (Yin) und heiß (Yang). Kalt kann wiederum noch in mäßig kalt (Yang) oder eiskalt (Yin) unterteilt werden.

Stehen die Yin-Yang-Kräfte im Körper nicht im Gleichgewicht, ist der Energiestrom Qi blockiert und der Mensch wird krank.

Wie löst man die Blockade des Qi?

Ziel einer jeden therapeutischen Behandlung der Blockierung des Energiestroms Qi liegt im Ausgleich der Yin- und Yang-Aspekte im Körper; sie müssen wieder ins Gleichgewicht gebracht werden. Das Heiße muss gekühlt, das Stagnierende in Fluss gebracht und das Gestaute gelöst werden. Um das Gleichgewicht wieder herzustellen, muss die Energie verlagert oder transformiert werden – vom Negativen ins Positive oder umgekehrt.

Hier können die Qigong-Kugeln helfen. Wenn man mit ihnen arbeitet, beeinflusst man das Verhältnis von Yin und Yang in sich, und das Qi kann wieder besser fließen.

Wer nun wissen möchte, ob er/sie mehr zur Urform des Yin oder Yang gehört, sollte sich selbst einige Fragen beantworten. Die jeweils »fehlende« Hälfte soll durch Übungen geweckt werden.

Sie sind eine Yin-Person

Die Energie, die im ewigen Wechselspiel zwischen Yin und Yang freigesetzt wird, nennt man Qi.

✳ Der Eindruck beim Betasten der Haut ist weich, besonders Ihre Hände wirken sanft und fühlen sich warm, vielleicht etwas feucht an.

✳ Sie suchen die Ruhe und verweilen gern still, bewegungsarm.

Sie sind eine Yang-Person

✳ Sie fühlen sich muskulös, fest an, besonders ihre Handflächen erscheinen hart und eher trocken.

✳ Betriebsamkeit ist das, was Sie suchen. Sie stürzen sich gern ins Getümmel und bewegen sich viel.

Einheit von Mensch, Natur und Kosmos

Die chinesischen Ärzte glauben, dass Mensch, Natur und Kosmos eine Einheit bilden. Folglich kann der Mensch nur dann glücklich und gesund sein, wenn er sich mit der Natur in Einklang befindet. Nach den Gesetzen von Yin und Yang steht alles in Wechselwirkung miteinander; Natur und Mensch folgen den gleichen Regeln. Wie in der Natur die Jahreszeiten nach festem Muster aufeinander folgen, geht auch der Mensch durch verschiedene Entwicklungsstufen von der Geburt über die Reife bis hin zum Tod. Diese Vorstellung von der Existenz des Menschen folgt dem »Weg vom Chaos zur Ordnung«, wie es im I Ging nachzulesen ist.

Ein Mensch, bei dem die Yin-Seite betont ist, trainiert morgens das Yang, um aktiver zu werden. Eine Yang-Person übt abends das Yin, damit sie zur Ruhe findet.

DIE BEDEUTUNGEN VON YIN UND YANG

Yin
weiblich – links – dunkel – hingebend – Erstarrendes – Kälte – Erde – Mond – Nacht – Wasser – Feuchtes - Abwärtsbewegung – passiv – depressiv – Leere – Regen – Altern – Tod

Yin-Organe
unterer Körperabschnitt, vordere Körperseite, rechte Körperhälfte, Inneres, Körperhöhlen, Vollorgane, Knochen

Yang
männlich – rechts – hell – stark – Verwandelndes – Wärme – Himmel – Sonne – Tag – Feuer – Trockenes – Aufwärtsbewegung – aktiv – heiteres Gemüt – Fülle – Wind – Jugend – Wachstum

Yang-Organe
oberer Körperabschnitt, hintere Körperseite, linke Körperhälfte, Haut, Außenseite, Hohlorgane

Die Meridiane

Schon vor Tausenden von Jahren erkannten die chinesischen Ärzte, dass es neben den uns bekannten Gefäßen und Fasernetzen im Körper wie Venen und Arterien, Lymph- und Nervenbahnen noch weitere Leitbahnen gibt, die so genannten Meridiane. Man kann sie zwar nicht sehen, dafür aber spüren.

In der traditionellen chinesischen Medizin spielt schon seit alters her die Kenntnis von den Meridianen eine wichtige Rolle.

Das Leitbahnsystem des Körpers

Das Leitbahnsystem besteht aus zwölf Hauptleitkanälen und weiteren Netzbahnen sowie Leitbahnzweigen. Die klassische Theorie über die Leitbahnen erklärt nicht nur detailgetreu ihre Funktionen, sondern sie beschreibt zusätzlich 365 Akupunkturpunkte der Meridiane. Zählt man jedoch alle aus den überlieferten Aufzeichnungen und der modernen Forschung bekannten Reizpunkte zusammen, kommt man auf etwa 2000. Jede »Durchtrittspforte« (= Akupunkturpunkt) in den Leitbahnen hat eine genau definierte therapeutische Funktion und erlaubt so das gezielte Beeinflussen der körperlichen Befindlichkeit.

Für das Training mit den Kugeln ist es ausreichend, wenn man den ungefähren Verlauf der zwölf Hauptmeridiane kennt.

Eine weitere Erklärung des Meridiansystems wäre in diesem Rahmen zu umfangreich. Wer sich jedoch genauer mit diesem Thema beschäftigen möchte, findet im Buchhandel ein großes Angebot an Literatur dazu.

In alten Quellen steht: »Alles im Menschen wird durch die Leitbahnen zur Ganzheit verknüpft. Sie entscheiden über Leben und Tod. Sie halten Yin und Yang im Gleichgewicht.«

Störung der Meridiane

Die Leitbahnen oder Meridiane werden vom Qi und vom Blut durchströmt. Diese Bahnen kann man sich als Tunnel oder Kanäle vorstellen, die ein unsichtbares und dichtes Netz bilden, das den gesamten Körper durchzieht und alle Grundsubstanzen und Organe miteinander verbindet. Tritt eine Störung innerhalb einer Leitbahn auf, ist der Energiefluss blockiert, im Körper entsteht ein Ungleichgewicht, man wird krank.

So kann beispielsweise eine Stauung in der Magenleitbahn Zahnschmerzen im Oberkiefer auslösen, weil diese Leitbahn durch den oberen Gaumen führt.

Eine Störung in einem Meridian kann zum Beispiel durch mechanische Einwirkungen wie etwa Operationen oder Verletzungen entstehen, aber auch durch psychische Belastung oder seelische Wunden hervorgerufen werden.

Ist man verärgert oder hat vor etwas Angst, verändert sich automatisch die Körperhaltung, man verkrampft sich. Dieser äußerlich sichtbare Krampf geht mit inneren Verspannungen im Bindegewebe oder in den Muskeln einher, und dadurch kann der Energiefluss in bestimmten Leitbahnen blockiert werden.

Mit Qigong-Kugeln den Energiestrom beeinflussen

Jeder Meridian ist einem bestimmten Organsystem des Körpers zugeordnet. Die Hauptmeridiane beginnen oder enden jeweils in den Händen und Füßen, und für die Eigentherapie ist es sehr nützlich, wenn man den Verlauf einzelner Leitbahnen kennt. Hat man nämlich durch längere Erfahrung und Übung eine gewisse Fertigkeit im Umgang mit den Qigong-Kugeln erlangt, kann man das Qi sogar willentlich über bestimmte Bahnen leiten und eine Störung wieder ausgleichen.

Ein Meridian in unserem Sinne ist eine linienförmige Bahn innerhalb eines Netzes, das den gesamten Körper durchzieht. Auf jeder Bahn können Akupunkturpunkte liegen. Beides lässt sich wie auf einer Landkarte darstellen.

DAS QI BEEINFLUSSEN

In einem alten medizinischen Text aus China steht: »Wer das Qi zu führen weiß, nährt im Inneren seinen Körper und wehrt nach außen schädigende Einflüsse ab«.

Akupunktur

Für eine Behandlung wählt man bestimmte Akupunkturpunkte aus, die an den von Störungen betroffenen Meridianen liegen. Entzündete oder vernarbte Bereiche spart man bei einer Therapie besser aus.

Heute gelten knapp 500 Akupunkturpunkte als gesichert. Die Nadeln liegen zwei Minuten bis eine halbe Stunde an der Einstichstelle. Bei der Akupressur mit den Fingerkuppen werden auch Schmerzpunkte behandelt.

Die Reizpunkte sind in der Regel daran zu erkennen, dass sie druck- und schmerzempfindlicher sind als andere Stellen. Oft liegen sie auch an auffallenden Punkten wie Knochenvorsprüngen und Falten oder in Bereichen, an denen die Beschaffenheit der Haut verändert ist. Die Chinesen betrachten diese »magischen Knöpfe« als Durchtrittspforten für die im Körper fließende Energie. An diesen Stellen kann man die Substanzen beeinflussen, die sich in den Bahnen bewegen. Das ist aber nicht nur durch äußere Einwirkung wie Massage, Nadelung oder Druck möglich, sondern auch durch eine innere Behandlung mit Kräuterarzneien.

Daneben gibt es in der TCM zur Hautreizung noch die Moxibustion, also die Räucherung durch Verbrennen von kleinen Kegeln aus Beifuß.

Ursprünglich wurden bei der Akupunktur scharfe Steinstücke, Knochen- und Bambussplitter eingesetzt. Der europäische Name leitet sich von lateinisch acus »Nadel« und punctura »das Stechen« ab.

BEHANDLUNG MIT AKUPUNKTUR

Durch das umfangreiche Wissen über die Leitbahnen ist man nicht nur in der Lage, durch ihre Beeinflussung Schmerzen zu lindern, sondern sie sogar ganz zu vertreiben. Westliche Ärzte bezeugen, dass bei der Anwendung von Akupunktur auch komplizierte und länger dauernde Operationen ohne zusätzliche Betäubungsmittel durchgeführt werden können.

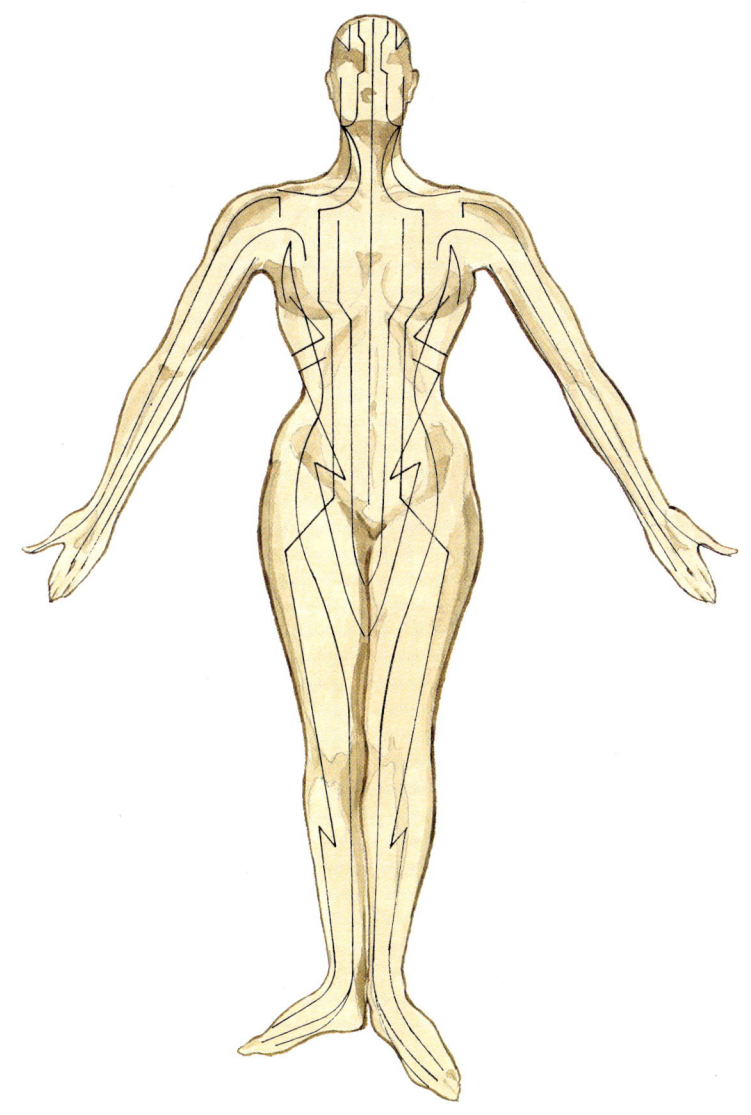

**Die zwölf Haupt-
meridiane im
menschlichen
Körper.**

*Die Meridiane
können in einer Art
Akupressur mit
den Qigong-Kugeln
gedrückt oder zur
Lockerung sachte
überrollt werden.*

Lungenmeridian, Dickdarmmeridian, Magenmeridian, Milz-Pankreasmeridian, Herzmeridian, Dünndarmmeridian, Blasenmeridian, Nierenmeridian, Kreislauf-Sexualitätsmeridian, Meridian des dreifachen Erwärmers, Gallenblasenmeridian und Lebermeridian.

21

Die Wirkungsweise der Qigong-Kugeln

Qigong bedeutet übersetzt »Arbeiten mit Energie«. In Straßencafés, im Park, auf dem Markt – beinahe überall in China – sieht man Leute mit den Kugeln. Die Technik des Kugelrollens ist von einer Generation in die nächste weitergegeben worden: Im Reich der Mitte ist das Spiel mit Qigong-Kugeln eine bereits seit Jahrhunderten praktizierte und bewährte Methode zur Erhaltung der Gesundheit.

Schon seit Jahrhunderten wird in China mit Qigong-Kugeln gespielt.

Was kann man mit den Qigong-Kugeln erreichen?

Wer regelmäßig mit seinen Kugeln trainiert, regt die Selbstheilungskräfte seines Körpers an. Schließlich liegt die Quelle aller Heilkräfte immer noch in uns selbst. Das tägliche Training zusammen mit Meditation und Autosuggestion unterstützt den Prozess der Gesundung. Mit der gezielten Bewegung der Finger kann man nicht nur den Alterungsprozess verlangsamen, sondern auch das Gehirn trainieren und die Organe stärken.

Die Wirkung der Kugeln beruht auf:

* Vibration (Schwingung)
* Massage (Druck)
* Erzeugung von Wärme und elektrostatischer Kraft (Aufladung)

Als eine Art Vorstufe der Kugeln kann man den gedrechselten Handschmeichler bezeichnen, mit dem man sehr kleine Kinder spielen lässt. Letztlich haben auch die Perlen des Rosenkranzes ihren Einfluss auf Konzentration und die Reflexzonen der Hände.

So können Sie das Qi stärken

Die wohltuenden und nachhaltig heilenden Wirkungen, die man mit den einfach erlernbaren Kugelübungen erreichen kann, überzeugen auch immer mehr Menschen im Westen. Allgemein kann man sagen, dass Qigong innerlich den Geist erhöht. Es vermehrt das Qi, die Energien im Körper, und hilft dabei, die Gedanken zu konzentrieren. Außerdem kann ein regelmäßiges Training mit den Qigong-Kugeln Sehnen, Knochen und die Haut stärken. Sogar bei chronischen und schwerwiegenden Krankheiten, etwa an den Nervenbahnen, hilft die Arbeit mit den magischen Kugeln.

Übung von Konzentration und Koordination

Wer mit den Qigong-Kugeln regelmäßig übt, hält sein Gehirn fit, denn ein regelmäßiges Training verstärkt die Konzentrationsfähigkeit und verbessert die Koordination. So besagt ein chinesisches Sprichwort: »Die Geschicklichkeit ist die Mutter der Gescheitheit.«

Die größte Dichte von Sinneszellen, die auf Umweltreize des Tastsinnes reagieren, befindet sich an den Fingerspitzen. Wie sehr dieser Teil des Nervenapparats des Trainings bedarf, weiß jeder, der tastend im Dunkeln gesucht hat.

WAS SIE MIT QIGONG-KUGELN ERREICHEN

* Bessere Durchblutung: Senken von Bluthochdruck, Anheben von niederem Blutdruck
* Stärkende Wirkung auf das Nerven- und Herz-Kreislauf-System
* Aktivierung von Kreislauf und Hormonen
* Festigung der Muskeln in Händen, Armen und Füßen
* Nervenberuhigende Wirkung
* Herstellen innerer Harmonie
* Förderung von Gelenkigkeit und Geschicklichkeit
* Verbesserung von Koordination und Grobmotorik
* Förderung des Rhythmusempfindens
* Stressabbau
* Verbesserung der Konzentrationsfähigkeit – Stimulierung des Lymphsystems
* Anregung zur Gewebeentgiftung
* Stärkung bestimmter Organfunktionen (Niere, Milz, Magen – Darm)

Bessere Durchblutung des Gehirns

Deutsche Forscher haben herausgefunden, dass 70 Prozent des Gehirns um ein Viertel stärker durchblutet werden, wenn die Finger intensiv bewegt werden. Das liegt daran, dass Hände und Füße die am besten mit Nerven versorgten Körperteile sind. Bei einem konsequenten Training mit den Kugeln werden Impulse über die Reflexwege der zahlreichen Nervenbahnen ins Gehirn geschickt und von dort zu den Organen weitergeleitet.

Die Druck- oder Temperaturreize auf die Hand werden in elektrische Reize umgewandelt, die das Gehirn in eine biochemische Information, die Empfindung, umwandelt.

Welche Krankheiten kann man lindern?

Dass Hand- und Fußübungen die Feinmotorik schulen, die Muskeln stärken und die Beweglichkeit der Gelenke fördern, ist einleuchtend. Doch die heilende Kraft der Kugeln wird auch bei zahlreichen anderen Beschwerden wirksam, die nicht unmittelbar Hände oder Füße betreffen.

Bei folgenden Krankheitsbildern und Beschwerden verschaffen die Kugeln Linderung oder sogar Abhilfe:

Kopfschmerzen, Schwindel, gestörter Gleichgewichtssinn, Schlafstörungen, Sehschwäche und Augenkrankheiten, Wirbelsäulenbeschwerden, Nackenverspannungen, Lähmungserscheinungen, Arthritis und Rheuma, Halsschmerzen, Bronchitis, Verdauungsschwäche, vorzeitiges Altern.

REGELMÄSSIGES ÜBEN BEUGT VOR

Denken Sie bei der Arbeit mit Ihren Kugeln immer daran, dass sich die chinesische Heilkunde in erster Linie als eine Präventivmedizin versteht: Krankheiten vorzubeugen ist einfacher und besser, als sie zu heilen! Das regelmäßige Spiel mit den Qigong-Kugeln wird sich in jedem Fall positiv auf Ihre Gesundheit auswirken und Ihre Stimmung insgesamt aufhellen.

Qigong-Kugeln für jeden!

Das Training mit den Qigong-Kugeln ist für Jung und Alt gleichermaßen geeignet. Menschen mit erzwungener Bewegungsarmut, sei es durch einen Schlaganfall, einen Unfall oder wegen multipler Sklerose, können vom Training mit den Kugeln profitieren.

Natürlich sind die Kugeln auch all denen nützlich, die auf eine besondere Fingerfertigkeit angewiesen sind. Das können Musiker, Chirurgen, Computerfachleute oder Handwerker sein.

Die Wirkung der Kugeln kann jeder ganz nach seinem individuellen Bedürfnis steuern; man kann selbst bestimmen, ob man einen entspannten oder angeregten Zustand erreichen möchte. So versetzen sich manche mit dem Training in einen ruhigen, fast meditativen Zustand und benutzen das Spiel mit den Kugeln als Einschlafhilfe, andere tanken dagegen Kraft und Energie.

Verzierte oder einfarbige Qigong-Kugeln bekommt man in Asien-Shops und esoterischen Läden. Die Luxusversion »mit Musik« kostet etwa fünfzig Mark.

Akupunkturpunkte an Händen und Füßen

Die Bedeutung der Hände

Schon in unserer Sprache sind Hinweise darauf enthalten, wie wichtig die Hände für uns sind. So sagen wir, wenn wir etwas beherrschen, wir haben »alles im Griff«. Wenn wir etwas verstehen, dann »begreifen« wir es. Sogar Philosophen priesen das fünfgliedrige Hochleistungsinstrument: Aristoteles nannte die Hand »das Organ der Organe«, und Immanuel Kant bezeichnete sie als »das äußere Gehirn des Menschen«.

Die Bedeutung der Füße

Einen ebenso großen Einfluss auf unser Wohlbefinden wie die Hände haben auch die Füße. Mit unseren Füßen stellen wir die Verbindung zur Erde her, ihr problemfreies Funktionieren lässt uns unabhängig sein, und es bedeutet eine gewisse Frei-

Die einfachste Übung zur Beeinflussung der Muskeln und Reflexzonen an den Füßen ist ein Rollenlassen der Kugeln mit den nackten Fußsohlen.

heit, »beweglich« zu sein. Wenn man seinen Füßen zu wenig Beachtung und Pflege zukommen lässt, muss man das, manchmal sogar schon in jungen Jahren, büßen.

Auf den Füßen und Händen liegen verschiedene Akupunkturpunkte, durch deren Anregung man fast alle Organe des Körpers aktivieren kann. Der Jiexi auf dem knöchelnahen Fußrücken beispielsweise gehört zum Magenmeridian.

Leitbahnen der Hände

Durch die Hand fließen drei Yin- und drei Yang-Leitbahnen, die mit den Organen und dem Gehirn in Verbindung stehen. Zu den Yin-Meridianen zählen die Herz-, Kreislauf- und Lungenleitbahn. Sie enden jeweils an den Fingerspitzen: am kleinen Finger, am Ringfinger und am Daumen. An diesen Stellen beginnen in der gleichen Reihenfolge auch die drei Yang-Meridiane.

Dabei handelt es sich um den Dünndarmmeridian, den Dreifach-Erwärmermeridian (wird am Magen lokalisiert) und den Dickdarmmeridian.

Besonders wichtig für die Bewegungen mit den Kugeln ist auch die Zone der Handwurzel, denn dort befinden sich die drei Akupunkturpunkte der Yin-Meridiane, die mit Herz und Lunge verbunden sind.

DIE WICHTIGSTEN MERIDIANE

Die Herz- und Lungenleitbahnen sind die bedeutsamsten Meridiane, weil sie für den freien Fluss von Qi und Blut verantwortlich sind. Auf diesen Bahnen werden unter anderem Gedächtnis, Gehirn, Verstand, Gemüt und Seele aktiviert. Auch Menschen, die Probleme mit dem Herz-Lungen-Bereich haben, sollten gezielt im Handwurzelbereich mit den Kugeln trainieren.

DER LAOGONG-PUNKT

Diesen Akupunkturpunkt im Zentrum der Hand aktiviert man oft unbewusst. Wenn einem beispielsweise kalt ist, reibt man die Handflächen gegeneinander. Und wenn wir jemanden streicheln, tun wir das auch fast immer mit der Innenseite der Hand.

Leitbahnen der Füße

Ebenso wie bei der Hand fließen auch von den Füßen drei Yin- und drei Yang-Meridiane zu verschiedenen Organen. Der wichtigste Meridian ist die Nierenleitbahn. In der chinesischen Tradition werden die Nieren als Quelle und Speicher der Lebenskraft angesehen. Rollt man die Kugeln unter dem Fuß, kann man dadurch die Funktionen der einzelnen Organe wie Herz, Lunge, Milz, Leber, Niere und Galle anregen.

Lage und Aufgaben der Reizpunkte

Hände

Daling ①: in der Mitte der inneren Handgelenksfalte

✳ Gegen niedrigen Blutdruck, Schlaflosigkeit, allgemeine Unruhe, Tachykardie, Rheuma und vorzeitiges Altern

Hegu ②: im Winkel zwischen Daumen und Zeigefinger. Legt man den Daumen an den Zeigefinger, sitzt der Punkt auf dem höchsten Muskelwulst.

✳ Gegen hohen Blutdruck, Asthma, Halsschmerzen, Mandelentzündung, Schnupfen, Fieber, Verstopfung, Durchfall, Zahnschmerzen im Unterkiefer, Schlafstörungen, Nervosität, Nikotinsucht, Kopfschmerzen, Menstruationsbeschwerden, Wechseljahrebeschwerden, ermüdete Augen

Houxi ③: seitlich hinter dem kleinen Finger in einem Grübchen

✳ Gegen eingeschlafene Hände und Arme, Verstopfung, Bindehautentzündung, Ohrensausen

Die Bezeichnung Leitbahn, die wir gleichbedeutend mit Meridian verwenden, wird auch in der Botanik benutzt. Die Leitbahnen der Pflanzen befördern organische Stoffe, dienen also letztlich ebenfalls dem Energiefluss.

Die wichtigsten Akupunkturpunkte im Handbereich auf einen Blick. Die mit ● gekennzeichneten Punkte befinden sich auf der Handinnenseite, die mit ○ gekennzeichneten auf dem Handrücken.

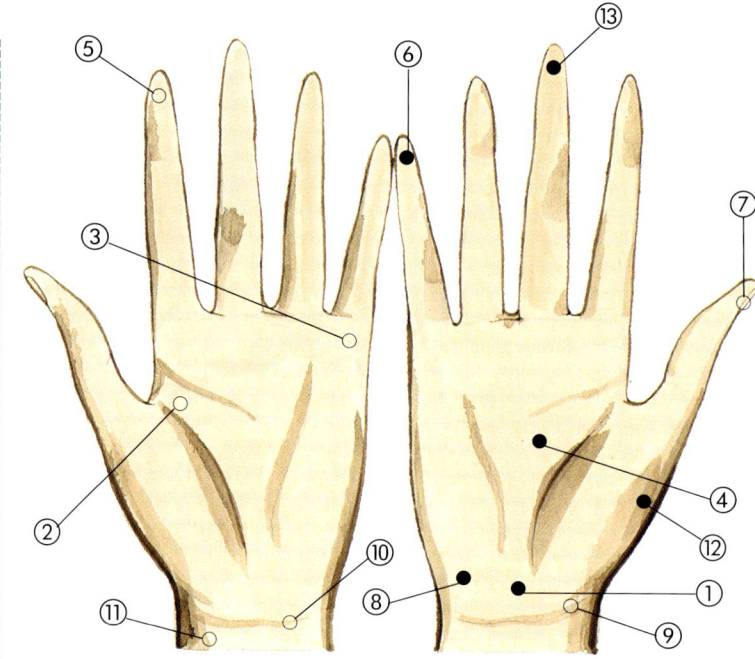

Über die Reflexfelder der Hand können das Hormonsystem, das Herz-Kreislauf-System, das Verdauungssystem, das Atmungssystem sowie Muskeln, Nerven und Gelenke aktiviert werden.

Laogong ④: in der Mitte der Handfläche

✳ Gegen Herzrasen, Hämorriden, Gereiztheit

Shangyang ⑤: am daumenseitigen Nagelfalzwinkel des Zeigefingers

✳ Gegen Fieber, Durchfall, Zahnweh

Shaochong ⑥: am innenseitigen Nagelbettwinkel des kleinen Fingers

✳ Gegen Mattigkeit, Depression, Verstimmung

Shaoshang ⑦: an der Außenseite des Daumens neben dem Nagelbettwinkel

✳ Gegen Husten, Heiserkeit, Halskrankheiten

Shenmen ⑧: innen auf dem Handgelenk auf der Seite des kleinen Fingers

✳ Gegen Herzrhythmusstörungen, Prüfungsangst, seelische Disharmonie, Konzentrationsschwäche, vorzeitiges Altern

Taiyuan ⑨: an der Daumenwurzel, an der Innenseite der Sehne, die hervortritt, wenn die Finger gestreckt sind

✳ Gegen Bronchitis, Rachenkatarrh, Aufstoßen

Yangchi ⑩: auf der oberen Handgelenksquerfalte in einer Vertiefung des Ringfingers

✳ Gegen niedrigen Blutdruck, Schulter- und Armschmerzen, Potenzschwäche

Yangxi ⑪: auf dem Handrücken an der Daumenwurzel zwischen den Sehnen, die bei gestrecktem Daumen hervortreten

✳ Gegen niedrigen Blutdruck, Rheuma

Yuji ⑫: auf dem Daumenballen

✳ Gegen Husten, Halsentzündung

Zhongchong ⑬: am zeigefingerseitigen Nagelbettwinkel des Mittelfingers

✳ Gegen Kreislaufschwäche, Durchblutungsstörungen, eingeschlafene Arme und Beine

Jeder sollte durch zielgerichtete Stimulierung einer bestimmten Zone mit den Qigong-Kugeln in der Lage sein, die unterschiedlichsten Körperteile zu beeinflussen.

Füße

Gongsun ①: auf der Fußinnenseite neben dem Ende des ersten Mittelfußknochens

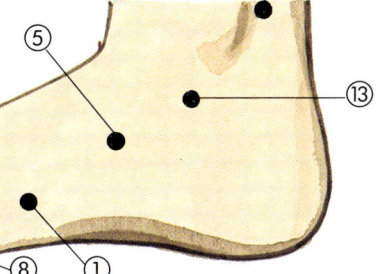

✳ Gegen Durchfall, Bauch- und Magenschmerzen, Blähungen, Übelkeit

Jiexi ②: auf dem Fußrücken im Mittelpunkt der Sprunggelenksfalte

✳ Gegen kalte Füße, Verstopfung, Zahnschmerzen, Bandscheibenschäden, Rheuma, Ischias

Jinmen ③: einen Finger breit unter dem äußeren Knöchel

✳ Gegen Kopfweh, Lenden- und Beinschmerzen

Kunlun ④*:* in der Mulde zwischen Außenknöchel und Ferse

✳ Gegen Schwindel, Krampfadern, Übergewicht, Kopfweh, Hexenschuss, Schwerhörigkeit

Rangu ⑤*:* am Innenrand des Fußes auf dem höchsten Punkt des Fußgewölbes

✳ Gegen Durchblutungsstörungen, Blasenstörungen, Potenzschwäche, Menstruationsschmerzen

Shenmai ⑥*:* zwei Daumen breit unterhalb des äußeren Fußknöchels

✳ Gegen Einschlafstörungen

Shugu ⑦*:* am äußeren Fußrand seitlich vom fünften Mittelfußgelenkköpfchen

✳ Gegen Blasenkatarrh, Hämorriden, Prostatabeschwerden

Taibai ⑧*:* seitlich hinter dem Grundgelenk der großen Zehe in einem Grübchen

✳ Gegen Blähungen, Übelkeit, Zahn- und Kopfschmerzen

Taichong ⑨*:* auf dem Fußrücken zwei Daumen breit oberhalb der Falte zwischen der großen und der zweiten Zehe

✳ Gegen Diabetes, Leberbeschwerden, Muskelkrämpfe, Harnblasenentzündung, Zyklusstörungen, Bindehautentzündung

Taixi ⑩*:* zwischen Innenknöchel und Achillessehne

✳ Gegen Blässe, Kurzatmigkeit, nächtliche Schweißausbrüche, Energiemangel, nervliche Erschöpfung, Gereiztheit, Ohrgeräusche

Durch Massagen, Kneten oder Reiben dieser Zonen werden die inneren Organe beeinflusst. Viele Beschwerden lassen sich dadurch heilen.

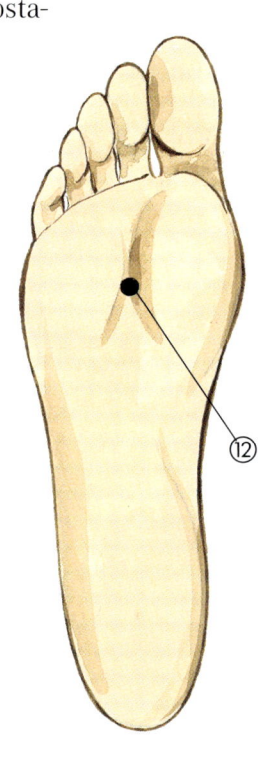

So verwenden Sie die Qigong-Kugeln im Fuß-bereich.

Xingjian ⑪*:* zwischen der großen und der zweiten Zehe
✳ Gegen hohen Blutdruck, Asthma, Migräne, Schlaflosigkeit
Yongquan ⑫*:* auf der Fußsohle knapp vor der Grenze des vorderen Drittels der Fußsohle zwischen Groß- und Kleinzehenballen
✳ Gegen hohen und niedrigen Blutdruck, Bewusstlosigkeit, Schwindel, Nierenentzündung, Wetterfühligkeit
Zhaohai ⑬*:* einen Daumen breit unter dem Innenknöchel
✳ Gegen allgemeine Schwäche, Schlaflosigkeit, Potenzschwäche, Menstruationsbeschwerden

Massieren der Akupunkturpunkte

Die betreffenden Punkte mit festem Druck berollen. Massieren Sie einen Punkt mit der Kugel aber nie so fest, dass es schmerzt oder Unbehagen bereitet. Die Dauer und die Festigkeit des Drucks sollte immer angenehm sein. Im Zweifelsfall gilt: Weniger ist mehr! Bei längerem Arbeiten entsteht eine angenehme Wärme, die eine auflockernde Wirkung hat. Außerdem werden durch das Rollen der Kugel heilsame Vibrationen erzeugt.

Atmen Sie während der Behandlung dreimal tief ein und aus und erspüren Sie selbst, ob Sie den Vorgang wiederholen möchten.

Übungen mit den Qigong-Kugeln

Die Anwendung der Qigong-Kugeln erfordert keine besonderen Voraussetzungen, ihre Handhabung ist einfach, und bei den Übungen werden Fortschritte schnell sichtbar. Um spürbare Ergebnisse zu erzielen, ist es ganz wichtig, die Übungen regelmäßig durchzuführen.

Regelmäßiges Üben mit den Qigong-Kugeln ist unerlässlich.

Wie und wann soll man trainieren?

Die Übungen kann man im Sitzen, Stehen oder Gehen durchführen. Halten Sie dabei die Kugeln in bequemer Lage vor Ihren Bauch.

Gerade am Anfang ist es wichtig, nicht zu lange ohne Unterbrechung zu üben. Es ist viel günstiger, wenn man mehrmals täglich für nur wenige Minuten trainiert. Dann wird es auch bald gelingen, die Dauer der Übungen ohne große Anstrengung zu steigern.

Nach Meinung der Chinesen ist die beste Zeit für die Übungen der frühe Morgen, denn dann fließt das beste Qi. Auf keinen Fall sollte man sich für sein Trainingsprogramm in ein starres Zeitkorsett zwängen; folgen Sie am besten einfach Ihren Bedürfnissen.

Locker sein ist wichtig!

Bleiben Sie bei den Übungen locker und ruhig. Bemühen Sie sich dabei um eine heitere Gelassenheit. Vielleicht gelingt Ihnen sogar beim Spiel mit den Kugeln ein kleines Lächeln. Denn diese lockere und positive Geste sich selbst gegenüber

Qigong kann man auch ohne Kugeln betreiben. Chinesen sehen darin einen Oberbegriff für verschiedene Techniken, etwa Tai Chi, das klassische Schattenboxen, oder – richtiger gesagt – Sport mit langsam fließenden Bewegungsabläufen.

harmonisiert die Gehirntätigkeit und wirkt entspannend. Das Gedankenkarussell im Kopf wird ruhig gestellt. Hören Sie in sich hinein und achten Sie darauf, dass Sie gleichmäßig weiteratmen.

Mit welcher Hand übe ich?

Bevor Sie mit dem Training beginnen, sollten Sie festlegen, mit welcher Hand Sie die Übungen ausführen wollen. Diese Entscheidung hängt aber nicht nur davon ab, ob Sie Links- oder Rechtshänder sind, sondern Sie bestimmen mit der Wahl der Hand, mit welcher Ihrer beiden Gehirnhälften Sie bevorzugt arbeiten wollen.

Die linke Hirnhälfte ist mit der rechten Hand verbunden, die rechte mit der linken Hand.

Den beiden Gehirnhälften sind verschiedenen Aufgaben zugeteilt:

✳ Die rechte Seite ist für assoziative, schöpferische Bereiche sowie für die Gefühlswelt des Menschen zuständig.

− Brauchen Sie zündende Ideen, Fantasie oder Kreativität,

Das Gehirn ist Ihr leistungsfähigster PC, den Sie mit Ihrer Seele programmieren. Die Qigong-Kugeln helfen Ihnen bei der Kodierung der Nachrichten.

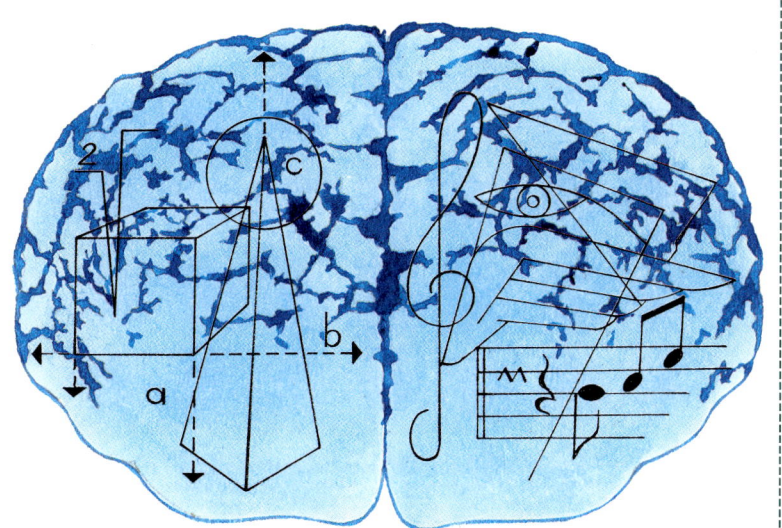

Die linke Seite des Gehirns beschäftigt sich mit den analytischen Fähigkeiten, die rechte Seite beherbergt den schöpferischen Menschen.

AUSGEWOGENHEIT IST WICHTIG

Sie sollen sich natürlich nicht stur auf eine Körperseite und die damit verbundene Hirnhälfte konzentrieren. Wichtig für eine optimale Wirkung des Trainings mit den chinesischen Gesundheitskugeln ist ein ausgewogenes Übungsprogramm, das beide Gehirnhälften gleichermaßen fordert und fördert.

Das Geheimnis der Kugelübungen liegt in Ausdauer und Beharrlichkeit: »Türangeln, die nicht bewegt weden, rosten«, heißt es in einem chinesischen Sprichwort.

empfiehlt es sich, die Übungen mit der linken Hand durchzuführen.

✳ Die linke Gehirnhälfte ist Sitz des analytischen und logischen Denkens. Der Umgang mit Zahlen und Formeln wird von dieser Gehirnseite gesteuert, auch das Sprachzentrum ist hier verankert.

− Wollen Sie beispielsweise ein Problem lösen, hilft Ihnen das Training mit der rechten Hand.

Wie lange soll man üben?

Die heilende Wirkung der Qigong-Kugeln hängt von vielen Faktoren ab. Es spielt dabei unter anderem eine wichtige Rolle, wie lange man übt. Ein guter Mittelwert sind 20 Minuten − diese Trainingsspanne kann drei Mal zum Einsatz kommen.

Kurze Übungsszeit

✳ Ein kurzzeitiges Drehen verstärkt die Yin-Energie, da dabei die Kugeln kalt bleiben − das wirkt beruhigend. In der chinesischen Heilkunst entspricht die Kälte dem Yin.

Lange Übungszeit

✳ Ein langes Drehen fördert das aktivierende Yang, weil die Kugeln dabei warm werden. Das belebt und fördert die Aktivität − die Wärme ist mit Yang verbunden.

Wo ist der beste Ort zum Üben?

Im Freien

Nach Ansicht der Chinesen steigert es die Heilwirkung der Kugeln, wenn man unter einem großen Baum oder in der Nähe eines fließenden Wassers übt. Denn dort sammelt sich das kosmische Qi, das man mit den Kugelübungen aufnimmt, um es seiner eigenen Lebensenergie hinzuzufügen.

Wenn Sie im Freien trainieren, achten Sie darauf, dass Sie die Übungen nur bei Windstille durchführen. Nach der Lehre der Chinesen ist die Energie Qi eine flüchtige Substanz, und wenn bei den Übungen das Qi im Körper oder um ihn herum aufsteigt, könnte ein Windstoß diese freigesetzte Energie davontragen.

Viele Chinesen betreiben Qigong heute in öffentlichen Parks.

Im Haus

Wenn Sie aber lieber in den eigenen vier Wänden trainieren, schaffen Sie auf jeden Fall eine Atmosphäre, in der Sie sich wohl fühlen. Entspannend wirkt beispielsweise ein Blick aus dem Fenster ins Grüne oder leise Meditationsmusik im Hintergrund. Gemusterte und bunte Stoffe oder Tapeten lenken dagegen ab und erzeugen innere Unruhe.

Nutzen Sie kleine Pausen im Laufe des Tages, um mit den Gesundheitskugeln Stress abzubauen oder einfach kurz zu entspannen. Vielleicht gelingt es Ihnen sogar, die gewohnte Zigarettenpause durch eine Kugelübung zu ersetzen.

LEITSÄTZE FÜR DIE VITALITÄTSSCHULUNG

* Alle Bewegungen langsam und bedächtig ausführen

* Ruhig atmen und die Atmung den Bewegungen anpassen

* Die Aufmerksamkeit auf einen Gedanken oder eine Körperregion konzentrieren

* Niemals in gespannter Konzentration oder verbissen trainieren

* Die Bewegungsabläufe ohne Anstrengung durchführen

Der Schwierigkeitsgrad der Übungen steigt mit der Größe der Kugeln.

Unbedingt beachten: Üben Sie nie zu schnell oder mit Kraftanstrengung – Sie müssen keinen Rekord aufstellen!

Wenn Sie keine Zeit oder Lust haben, solche Überlegungen anzustellen und eher spontan reagieren, nehmen Sie Ihre Kugeln einfach immer mit und trainieren, wann und wo Sie mögen. So können Sie beispielsweise versuchen, vor einem wichtigen Termin mit Hilfe des Kugelspiels Ruhe und Konzentration zu finden.

Je schwieriger die Übung, desto größer die Wirkung
Für alle Übungen gilt:

Der Klang der Qigong-Kugeln wirkt entspannend und gleichzeitig stimulierend.

＊ Eine Steigerung des Schwierigkeitsgrades erhöht auch den Trainingseffekt.
Sobald Sie also eine Übung gut beherrschen, sollten Sie sich die Arbeit selbst erschweren. Sie erreichen das, indem Sie größere Qigong-Kugeln nehmen oder mit mehreren Kugeln spielen. Sie können natürlich die Übungen auch mit beiden Händen gleichzeitig ausführen. Dabei sollten Sie aber keinesfalls in ein Leistungsdenken verfallen und sich verkrampfen. Sie können sicher sein, dass sich durch regelmäßiges Üben Ihre Geschicklichkeit kontinuierlich verbessert.

Übungen zum Eingewöhnen

Nun wird es ernst! Nehmen Sie Ihre Qigong-Kugeln aus dem Kästchen. Schütteln Sie zuerst die eine, dann die andere in der Nähe Ihres Ohrs. Sie werden dabei den unterschiedlichen Klang hören: Der helle Ton entspricht dem anregenden Yang und der tiefe Klang dem beruhigenden Yin.

Versuchen Sie, im doppelten Sinne des Wortes, Ihre Qigong-Kugeln zu begreifen: Spüren Sie die Vibrationen und den Druck, lauschen Sie den Klängen und lassen Sie diese Eindrücke auf sich wirken.

Erfühlen Sie Ihre Kugeln

Für die ersten Eingewöhnungsübungen legen Sie eine Kugel in die offene Hand. Rollen Sie sie ruhig und sanft über Ihre Handfläche und führen Sie dann die Kugel mit dem Daumen zu den einzelnen Fingern und von dort zurück in die Handmitte.

Wenn Ihnen das mühelos gelingt, versuchen Sie die Kugel möglichst weit bis zu den Fingerspitzen zu rollen. Anfangs wird die Kugel noch an den Fingergelenken stocken, aber durch ein sachtes, ruckartiges Zurückziehen der Hand überwindet man dieses Hindernis leicht.

Halten Sie nun eine Kugel zwischen beiden Handflächen und rollen Sie durch kreisende Bewegung Ihrer Hände die Kugel umher. Durch diese einfache Übung erreichen Sie eine große Wirkung, denn die Kugel massiert die wichtigsten Akupunkturpunkte in Ihren Handinnenflächen.

Denken Sie affirmativ, das heißt, bejahen Sie innerlich die Forderung nach einfließender Lebensenergie.

Für die einfachen Grundübungen empfehlen sich größere Kugeln, die das Greifen erleichtern. Achten Sie darauf, dass die Qigong-Kugeln nicht beschädigt werden, wenn sie herunterfallen sollten.

Auflockerung

Nehmen Sie eine Kugel in die Hand, strecken Sie den Arm aus und lassen Sie ihn kreisen. Werden Sie dabei immer schneller und wechseln Sie hin und wieder die Richtung.

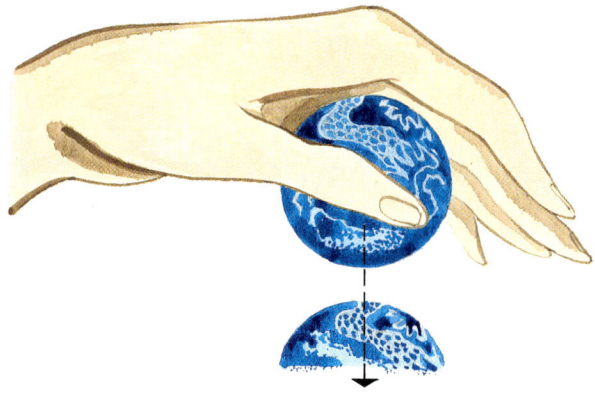

Greifen Sie zur zweiten Kugel und wiederholen Sie das Kreisen mit dem anderen Arm. Dann kreisen Sie mit beiden Armen gleichzeitig.

✳ Weil beim Armkreisen durch die Fliehkraft ein Zug auf die Arme wirkt, werden die Gelenke gelockert und die Muskulatur gestärkt.

Die Übung »Fangen« schult das Reaktionsvermögen.

Fangen

Halten Sie eine Kugel in der Hand, die Handfläche zeigt nach unten. Lassen Sie die Kugel fallen und greifen Sie blitzschnell nach, um sie wieder aufzufangen. Nach einigen Versuchen machen Sie die Übung mit der anderen Hand. Wenn Sie eine gewisse Sicherheit beim Fangen erreicht haben, können Sie die Übung auch mit beiden Händen und zwei Kugeln ausprobieren.

✳ Diese Übung schult das Reaktionsvermögen. Zur Sicherheit sollte eine weiche Unterlage auf dem Boden liegen!

Jonglieren mit den Kugeln

Wurde eine Kugel durch harten Aufprall beschädigt, müssen Sie versuchen, die Oberfläche wieder schonend glatt zu schmirgeln und anschließend zu polieren.

Wärmen Sie sich vor dieser Übung erst einmal auf. Beginnen Sie mit einer Kugel. Werfen Sie die Kugel mit einer Hand etwas in die Luft und fangen Sie sie mit der anderen Hand wieder auf. Das wiederholen Sie einige Male.

Dann wird es etwas schwerer: Nehmen Sie in jede Hand eine Kugel, und versuchen Sie, beide Kugeln gleichzeitig aneinander vorbei zu werfen und mit der jeweils anderen Hand wieder aufzufangen.

✳ Bei der Jonglierübung lernen Sie Reaktionsvermögen und Koordination.

Kugelschaukel

Halten Sie die Hände vor Ihren Bauch, die Handflächen nach oben. Beide Hände liegen sich so gegenüber, dass die Finger aufeinander zeigen und sich die längsten berühren. Bilden Sie mit den Fingern eine Rinne, in der die Kugel durch Heben und Senken der Hände entlangrollen kann. Ziel der Übung ist, die Kugel in einer gleichmäßig schaukelnden Bewegung auf beiden Handflächen hin und her zu rollen.

✳ Mit dieser Übung wird die Koordinationsfähigkeit von Arm und Hand verbessert.

Übungen mit zwei Kugeln

Die folgenden Übungen trainieren nahezu alle Bereiche, in denen man die Qigong-Kugeln einsetzen kann. Sie verbessern unter anderem die Motorik, massieren die verschiedenen Akupunkturpunkte, fördern die Durchblutung und machen die Hand- und Armmuskeln fit.

Die Beschreibungen der Übungen gelten immer für die rechte Hand. Werden sie mit der linken Hand ausgeführt, ist lediglich die Drehrichtung anders, die Bewegungsabläufe bleiben dagegen gleich.

Kreisen im Uhrzeigersinn

Öffnen Sie locker und entspannt die rechte Hand, ohne dabei die Finger durchzustrecken. Legen Sie die Kugeln so in die Hand, dass eine Kugel in der Mitte der Handfläche liegt, die andere zwischen Zeige- und Ringfinger auf dem etwas abgesenkten Mittelfinger – zum besseren Verständnis wird sie im Folgenden Fingerkugel genannt.

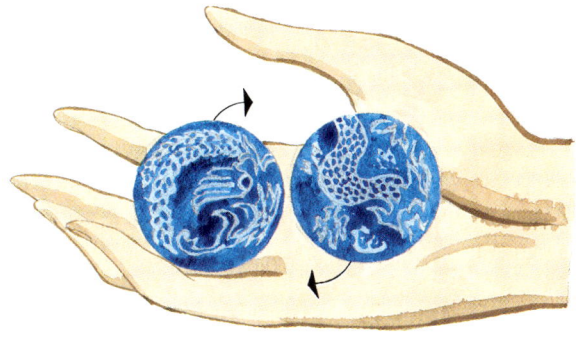

Faustregel für die Dauer einer Übung: Drehen Sie die Kugeln so lange, bis sie angenehm warm sind und ihre Wärme an die Handflächen abgeben.

Zur Verbesserung der Motorik trägt die Übung »Kreisen im Uhrzeigersinn« bei.

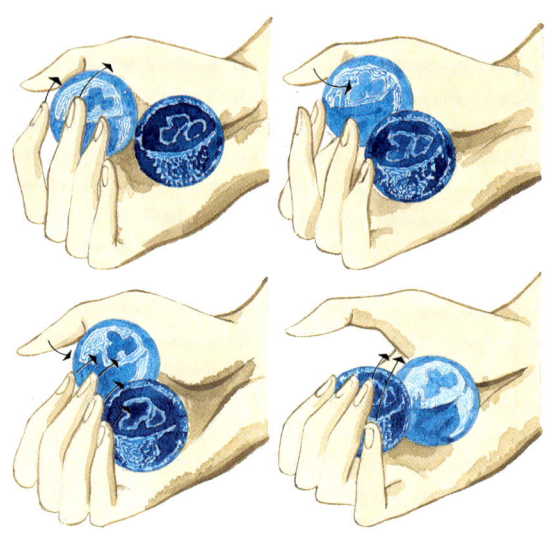

Verschiedene Übungen mit zwei Qigong-Kugeln.

Lassen Sie sich nicht entmutigen, wenn's nicht gleich richtig klappt. Selbst Profis haben mit manchen Übungen Mühe.

Durch Anheben von Ring- und Mittelfinger verlagert sich die Fingerkugel auf den Zeigefinger. Gleichzeitig lässt man die andere Kugel aus der Handfläche zwischen kleinen Finger und Ringfinger rollen. Jetzt schiebt man durch Anheben des Zeigefingers die Fingerkugel in Richtung des Daumenballens und schubst sie mit dem Daumen in die Mitte der Handfläche; dabei rollt die andere Kugel auf den Mittelfinger – die Ausgangsstellung ist wieder erreicht.

✳ Diese Übung können Sie beliebig oft wiederholen.

Kreisen entgegen dem Uhrzeigersinn

Die Ausgangsposition ist die gleiche wie in der vorher beschriebenen Übung: Eine Kugel liegt in der Mitte der Handfläche, die andere zwischen Zeige- und Ringfinger auf dem leicht abgesenkten Mittelfinger. Wenn Sie Zeige- und Mittelfinger anheben, rollt die Fingerkugel nach links zum kleinen Finger, bis sie sich zwischen kleinem Finger und Ringfinger befindet. Drücken Sie dann mit diesen beiden Fingern die Fingerkugel in Richtung Handwurzel; dabei wird die andere Kugel auf der Handfläche in Richtung Daumen verdrängt.

Durch einen leichten Druck mit dem Daumen wird die Kugel über den Zeigefinger wieder zwischen diesen und den Ringfinger geführt. Die Fingerkugel rollt dabei automatisch in die Mitte der Handfläche. Nun kann das Kreisen von Neuem begonnen werden.

✳ Diese Übung wird häufig als schwierig empfunden und verlangt vom Anfänger einige Geduld.

Freies Kugeldrehen

Wenn Sie sich beim Spiel mit den Kugeln bereits eine gewisse Geschicklichkeit und Fingerfertigkeit angeeignet haben, können Sie den Schwierigkeitsgrad der Übungen immer weiter steigern.

Versuchen Sie, die Kugeln zu drehen, ohne dass sie sich dabei berühren. Der Bewegungsablauf verläuft im Prinzip wie bei den beiden oben beschriebenen Übungen, doch müssen die Kugeln jetzt weiter außen in der Hand geführt werden.

Kreisen um den ruhenden Pol

Versuchen Sie, eine Kugel ruhig in der Hand zu halten, während Sie sie mit der anderen umkreisen. Halten Sie die ruhende Kugel dabei wechselweise mit dem Mittelfinger und dem Daumen fest. Wechseln Sie sowohl die Drehrichtung als auch die Hand.

⁕ Bei dieser Übung werden die Fingergelenke intensiv trainiert.

Wenn Sie beide Hände und Füße gleichzeitig trainieren wollen, brauchen Sie selbstverständlich vier Kugeln. Entsprechend den chinesischen Elementen Holz, Wasser, Feuer, Erde und Metall können Sie sich auch fünf Kugeln zulegen.

EINGESCHRÄNKTE BEWEGUNGSFÄHIGKEIT

Wenn Sie Probleme mit der Feinmotorik Ihrer Hände oder einfach Startschwierigkeiten bei den Übungen mit den Kugeln haben, ist es natürlich erlaubt, ein wenig zu mogeln.

Halten Sie die Kugeln direkt an den Bauch und heben Sie die Hand in Richtung Körper leicht an. Die Kugeln können jetzt nicht mehr zu Boden fallen, und die Übungen erfüllen trotzdem weitgehend ihren Zweck. Klappt es aber auch so nicht ganz richtig, dürfen Sie die zweite Hand zu Hilfe nehmen und damit die Kugeln einfach wieder in die richtige Bahn zurückschieben. Versuchen Sie aber trotzdem zwischendurch immer wieder, die Kugeln frei zu drehen.

WELCHE KUGELN GIBT ES?

* Kleine Kugeln: Durchmesser ca. 45 mm, Gewicht ca. 160 g pro Kugel

* Mittlere Kugeln: Durchmesser ca. 50 mm, Gewicht ca. 230 g pro Kugel

* Große Kugeln: Durchmesser ca. 55 mm, Gewicht ca. 290 g pro Kugel.

Qigong-Kugeln gibt es auch für Kinderhände. Sie haben einen Durchmesser von ca. 40 mm und wiegen jeweils rund 130 Gramm.

Zur Stärkung der Handmuskeln nehmen Sie eine Kugel zwischen die fünf Fingerspitzen. Drücken und entspannen Sie. Auf diese Art und Weise kann auch jeder einzelne Finger trainiert werden.

Kugelüberspringen

Die Kugeln liegen in der flachen Hand, eine in der Handfläche, die andere zwischen Ring- und Mittelfinger. Lüpfen Sie nun durch ruckartiges Anziehen der beiden Finger die Fingerkugel über die andere Kugel hinweg in Richtung Handwurzel. Sie können den Vorgang unterstützen, indem Sie mit Hilfe von Arm- und Handgelenk der Kugel zusätzlich etwas Schwung geben.

* Mit dieser Übung aktivieren Sie neben dem Energiefluss Ihre Konzentration.

Armkreisen

Bei dieser Übung kreist der ganze Arm. Gleichzeitig drehen Sie dabei die Kugeln in der Hand, wie es in der Übung Kreisen der Kugeln im Uhrzeigersinn (S. 38) beschrieben ist. Wechseln Sie nach einigen Runden die Drehrichtung des Arms sowie der Kugeln.

Versuchen Sie die Übungen so rhythmisch wie möglich auszuführen.

* Beim Armkreisen wird der gesamte Muskelapparat von Arm, Hand und Schulter gefordert und Verspannungen im Nackenbereich lösen sich dabei schnell.

Das Tempo dieser treibenden Trainingsform richtet sich nach dem Atemtempo bei einer rascheren Gangart.

Übungen mit mehr als zwei Kugeln

Wenn Sie die Übungen mit zwei Kugeln gut beherrschen, können Sie die Schwierigkeit steigern und zu drei oder vier Kugeln übergehen.

Einfacher sind die Übungen mit kleineren und gleich großen Gesundheitskugeln. Doch Fortgeschrittene greifen gern zu größeren Kugeln, denn diese haben ohne Zweifel den besseren Massageeffekt. Sie können die Übungen aber auch mit gemischten Größen ausprobieren.

Übungen mit drei Kugeln

Diese Basisübung wird ähnlich durchgeführt wie das Drehen von zwei Kugeln. Wichtig ist allerdings, dass man hierbei die Hand flacher und die Finger weiter gespreizt hält. Das Drehen im Uhrzeigersinn mit der rechten Hand führt man hauptsächlich mit Hilfe des Daumens aus. Die Kugel, die am Daumen anliegt, wird mit dessen Hilfe in Richtung des kleinen Fingers geschoben. Der kleine Finger unterstützt diese Bewegung,

Für die Handübungen mit drei Kugeln eignen sich am besten drei kleine Kugeln, auch eine mittelgroße Kugel und zwei kleine sind möglich.

Der Kugelsprung mit drei Kugeln erfordert einige Übung.

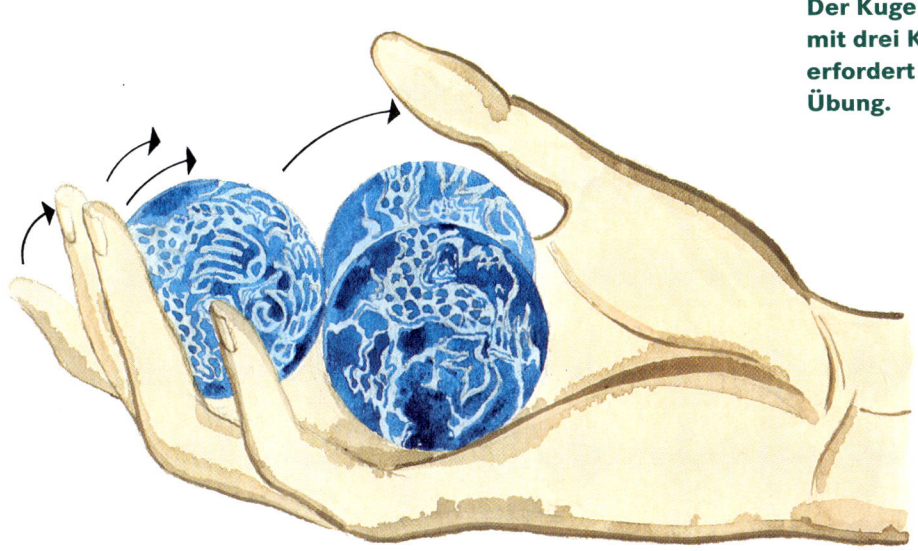

Üben Sie sowohl mit der linken als auch mit der rechten Hand. Versuchen Sie die Übungen gleichzeitig auszuführen.

indem er die Kugel, die durch die »Daumenkugel« an ihn herangeschoben wird, annimmt und sie in Richtung Zeigefinger umlenkt. Die Kugel, die sich bisher auf den Fingern befand, wird auf diese Weise zum Daumen gedrückt, und der Zyklus beginnt wieder von vorne.

✳ Auch bei dieser Übung sollten Sie die Drehrichtung der Qigong-Kugeln nach einigen Minuten wechseln.

✳ Die Handhaltung entspricht etwa jener, die man einnimmt, wenn man drei rohe Eier hält.

Kugelsprung mit drei Kugeln

Diese Übung verläuft ähnlich wie der Kugelsprung mit zwei Kugeln. Nur müssen Sie jetzt versuchen, eine Kugel über zwei andere zu heben.

In der Ausgangsposition liegen zwei Kugeln nebeneinander auf der Handfläche, die dritte befindet sich auf dem leicht abgesenkten Mittelfinger und wird von Ring- und Zeigefinger gehalten. Durch das Anheben der drei Finger lüpfen Sie die Fingerkugel über die beiden anderen Kugeln. Daraufhin senken Sie die drei Finger wieder ab, so dass die Daumenkugel automatisch auf die Mittelfingerposition rollt und die soeben gelüpfte Kugel zum Daumen wandert.

Sie können diese Übung variieren, indem Sie die Kugel am Daumen oder die Kugel am kleinen Finger über die beiden anderen heben.

Vier Qigong-Kugeln in der Hand und eine, die obenauf liegt – das gehört zu den höchsten Weihen eines Meisters. Damit zu trainieren, schaffen nicht alle.

Übungen mit vier Kugeln

Jetzt wird es richtig kompliziert, denn vier Qigong-Kugeln in einer Hand zu führen, ist kein Kinderspiel. Wenn Sie für dieses Spiel kleine Kugeln verwenden, wird es Ihnen vielleicht etwas leichter fallen; natürlich können Sie auch mit verschieden großen Kugeln arbeiten – ganz Mutige trauen sich sogar zu, es mit vier großen Kugeln zu versuchen.

＊ Diese Übung stellt höchste Anforderungen an die Koordinations- und Konzentrationsfähigkeit.

Drehen im Uhrzeigersinn

Bei dieser Übung ist wieder der Daumen die treibende Kraft. Diesmal kommen aber auch die restlichen Finger verstärkt zum Einsatz. Der Daumen schiebt die an ihm liegende Kugel in Richtung des kleinen Fingers. Dadurch wird die Handflächenkugel zum kleinen Finger gedrückt. Durch geschickte, wellenartige Bewegung der restlichen Finger transportiert man die beiden Fingerkugeln gleichzeitig in Richtung des Daumens. Durch ein leichtes Anziehen des Zeigefingers befördert man dann die äußere Kugel, die am Zeigefinger liegt, zum Daumen. Sobald der Daumen die Kugel erfassen kann, beginnt der Bewegungsablauf von neuem.

Die Drehung gegen den Uhrzeigersinn unterstützt man durch das Beugen des kleinen Fingers. Mit dieser Bewegung rollt man die Kugeln über die Handfläche zum Daumen.

Die Arbeit mit vier Qigong-Kugeln erhöht nicht nur die Fingerfertigkeit und Konzentration. Durch das Gewicht der Kugeln wird auch der Effekt der Übungen verstärkt. Das gesamte Nervensystem profitiert davon.

Für Ihre Übungen sollten Sie es sich bequem machen. Nehmen Sie eine angenehme und entspannte Körperhaltung ein.

HOHE ANFORDERUNG – GROSSE WIRKUNG

Die Übung mit vier Kugeln hat einen besonders hohen therapeutischen Nutzen. Die Konzentrationsfähikeit wird geschult und die Beweglichkeit der Hand trainiert, weil alle Finger gleichzeitig beansprucht werden.

Durch das hohe Gewicht und die vielen Berührungspunkte der vier Kugeln werden Hand- und Armmuskulatur verstärkt beansprucht, die Akupunkturpunkte der Hand sowie der Fingerkuppen nachhaltig angeregt.

Fußübungen

Leider werden die zahlreichen Akupunkturpunkte an den Füßen heute nur noch selten oder nicht ausreichend aktiviert. Ein Grund dafür ist, dass selbst im Sommer nur noch wenige Menschen barfuß laufen.

Durch regelmäßiges Üben mit den Kugeln kann man an den Füßen gute Heileffekte erzielen. Zu den Wirkungen des Handtrainings, die bereits bekannt sind, kommt bei den Fußübungen noch hinzu, dass man damit seinen Gleichgewichtssinn trainiert und die bei vielen Menschen verkümmerte Beweglichkeit der Füße und Zehen neu aktiviert wird.

Für das Spiel der Füße sind alle Kugelgrößen möglich. Achten Sie darauf, dass Sie eine Unterlage haben, die gut rollen lässt, sich aber durch den Auflagedruck etwas eindellt.

Rollen einer Kugel

Bevor Sie diese Übungen beginnen, setzen Sie sich auf einen Stuhl und nehmen eine entspannte Position ein. Die Füße stellen Sie parallel nebeneinander auf; die Beine bilden an den Knien einen rechten Winkel. Die Übungen sollten Sie barfuß ausführen. Als Unterlage ist Teppichboden oder eine Wolldecke gut geeignet.

Bei Fußübungen sollten sie grundsätzlich barfuß sein. Es erleichtert Ihnen die Führung der Kugeln.

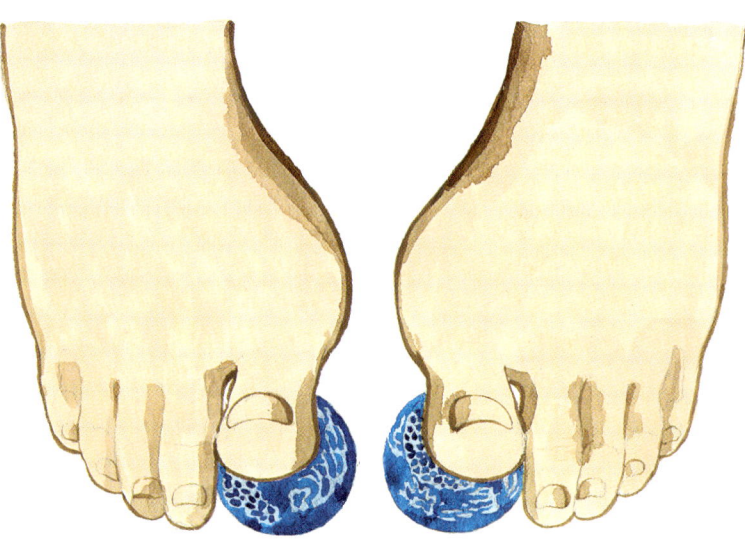

46

Zuerst legt man eine Kugel unter den Fuß. Beginnen Sie, den Fuß vor und zurück zu bewegen, und rollen Sie dabei die Kugel von der Ferse bis an die Zehen. Danach sollten Sie in Kreisbewegungen übergehen, die Sie im Radius variieren und im Uhrzeigersinn sowie entgegengesetzt ausführen. Nun diese Übung mit dem anderen Fuß machen. Dann versuchen Sie es mit zwei Kugeln und beiden Füßen gleichzeitig.

Man bewegt die Füße zuerst in dieselbe Richtung, dann in gegengleichen Bahnen. Drehen Sie nur einfach drauf los! Spielen Sie mit den Kugeln und finden Sie heraus, bei welchen Bewegungen Sie sich am wohlsten fühlen.

Rollen mit zwei Kugeln

Etwas schwieriger wird es, wenn Sie die Übungen mit zwei Kugeln machen. Sie können die Kugeln entweder dicht aneinander legen oder eine Kugel unter die Ferse, die andere unter den Ballen schieben. Führen Sie dann die Bewegungen aus, wie sie oben beschrieben sind.

Auf jeden Fall verstärkt sich der Massageeffekt bei der Verwendung von beiden Kugeln.

Greifübung

Legen Sie beide Qigong-Kugeln auf den Boden und versuchen Sie, mit den Zehen eine Kugel zu greifen und sie ein Stückchen vom Boden abzuheben. Beginnen Sie erst mit einem Fuß und wechseln Sie dann zum anderen. Versuchen Sie anschließend, die Übung mit beiden Füßen gleichzeitig zu machen.

Jetzt wird es wieder ein bisschen schwieriger. Klemmen Sie eine Kugel zwischen die Innenseite beider Füße und versuchen Sie dann, sie aufzuheben. Eine weitere Steigerung des Schwierigkeitsgrades bedeutet es, wenn Sie die Übung mit zwei Kugeln gleichzeitig ausprobieren.

Qigong-Kugeln machen ähnlich wie beim Barfußgehen Ihre Füße und den gesamten Organismus frisch. Nehmen Sie sich im Rotationsprinzip verschiedene Übungen vor, und merken Sie sich, welche Ihnen die meiste Energie gaben.

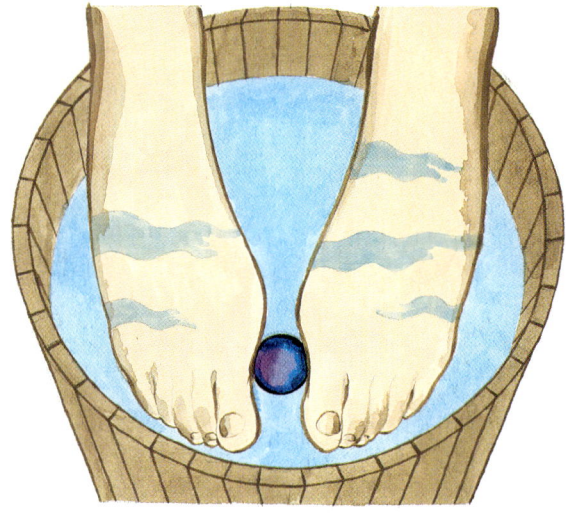

✳ Hierbei trainieren Sie die Beweglichkeit und Muskelkraft Ihrer Beine. Die Beanspruchung reicht von den Fußsohlen bis hinauf zum Gesäßmuskel.

Qigong-Fußball

Diese Übung wird Ihnen bestimmt nicht schwer fallen. Legen Sie die Kugeln auf den Boden und dribbeln Sie damit wie ein Fußballspieler durchs Zimmer. Seien Sie aber vorsichtig, damit Sie sich nicht mit den harten Kugeln an den Füßen weh tun. Versuchen Sie, bei diesem Spiel möglichst viele Teile des Fußes wie Ferse, Innen- und Außenseite zum Einsatz zu bringen.

✳ Dieses Training ist hervorragend geeignet, um die Fuß- und Beinmuskulatur zu stärken, das Gleichgewichtsgefühl zu trainieren und die Durchblutung zu fördern. Aber Achtung: Denken Sie beim Qigong-Fußball an Ihre Möbel und Ihre Nachbarn!

Fußbäder

Wenn Sie einmal intensiv entspannen wollen, nehmen Sie ein Fußbad, legen die Kugeln dazu und führen die oben beschriebenen Rollübungen einfach im Wasser durch. Der besondere Effekt dabei ist, dass warmes Wasser die heilsamen Wirkungen noch verstärkt.

Vergessen Sie nicht, Ihre Kugeln nach der Anwendung gut abzutrocknen und sie mit etwas Öl einzureiben; so schützen Sie die Kugeloberfläche vor Rost.

Bei dieser Variante des Kugelrollens sollten Sie auf Badezusätze und Salze ganz verzichten, da sie Stahl- und auch Steinkugeln angreifen.

Rollübungen in warmem Wasser besitzen einen besonderen Effekt: Das erwärmte Wasser verstärkt die heilsamen Wirkungen der Übungen.

Die Fußballvariante ist eine laute Übung. Die stille Fußbadübung wirkt durch die nach oben steigende Wärme dynamisierend.

Lauf- und Taktübungen

Auch wenn Sie einen Spaziergang machen, können Sie Ihre Schatzkugeln mitnehmen. Denn gerade beim Gehen kann man das Takt- und Rhythmusgefühl ideal schulen. Konzentrieren Sie sich auch während der Lauf- und Taktübungen auf eine gleichmäßige und ruhige Atmung.

Vergessen Sie nicht, dass das Gehen an sich als Rhythmus- und Taktgeber wirkt. Versuchen Sie nur den Hingabeeffekt mit den Kugeln zu verstärken.

Drehen der Kugeln im Gehen

Dabei sollten Sie die Arme locker und entspannt an der Seite hängen lassen. Nehmen Sie beide Qigong-Kugeln in eine Hand und drehen Sie sie während des Gehens im Uhrzeigersinn. Selbstverständlich können Sie auch beide Hände gleichzeitig mit den Kugeln trainieren. Wechseln Sie nach einigen Minuten die Drehrichtung.

Versuchen Sie, das Drehen der Kugeln mit dem Rhythmus von Schritten und Atmung in Einklang zu bringen. Sie können den Takt auch akustisch unterstützen, indem Sie bei jedem Schritt die Kugeln leicht aneinanderstoßen und ein regelmäßiges Klacken erzeugen. Genießen Sie die Natur und lassen Sie sich ganz entspannt in die gleichmäßige Bewegung Ihres Körpers hineinfallen.

Schwingen im Takt der Schritte

Für diese Übung nehmen Sie eine Kugel in jede Hand; die Handflächen zeigen nach unten. Öffnen Sie nun bei jedem Schritt eine Hand, lassen Sie die Kugel los und fangen sie durch schnelles Nachgreifen wieder auf. Schon nach kurzer Zeit stellt sich im Rhythmus von Klang, Schritten und Armbewegung eine gleichmäßige Schwingung ein, die den ganzen Körper erfasst. Sie werden die harmonisierende Wirkung spüren, die diese Übung auf Geist und Körper entfaltet.

Sie trainieren am besten im Freien oder in einem Saal, um nicht schwindlig im Kreis gehen zu müssen.

VOR DER MASSAGE DIE KUGELN ANWÄRMEN!

Wärmen Sie Ihre Kugeln ein wenig an, bevor Sie mit der Massage beginnen. Auf empfindlichen Hautzonen fühlen sich kalte Kugeln nämlich sehr unangenehm an. Führen Sie zum Anwärmen einfach eine oder zwei Kugelübungen mit der Hand aus.

Massage

Lassen Sie bei der Massage versuchsweise einmal eine (unbehandelte) Orange die Rolle der Kugel übernehmen. Allein durch den Duft ergibt sich eine neue Wirkung.

Ob Ihre Schultern verspannt, Ihr Stoffwechsel gestört ist oder Sie unter Stress leiden – die geschickte Massage mit Qigong-Kugeln wird Ihnen auf jeden Fall helfen. Die jahrhundertalten Massagetechniken wirken wie Medizin, befreien die Gedanken und helfen dem Körper, sich zu entspannen.

Wissenschaftler haben nachgewiesen, dass sich durch Massage die Gehirnströme beruhigen und die Aufmerksamkeit gesteigert wird. Die Patienten benötigen nach der Massage weniger Zeit, um schwierige Aufgaben zu lösen, sie empfinden ihre Arbeit als weniger belastend, und im Körper sinkt der Spiegel stressauslösender Hormone. Nach einer Gesichtsmassage beispielsweise sieht die Haut rosig erfrischt aus, und man fühlt sich erholt wie nach einem kurzen Schlaf.

Gesichtsmassage

Legen Sie die angewärmte Kugel an die Wange und rollen Sie sie mit der flachen Hand über Ihr Gesicht. Dann lassen Sie die Kugel mit ruhigen, kreisenden Bewegungen die gesamte Gesichtshälfte abwandern. Wechseln Sie die Hand zum Rollen der anderen Gesichtsseite.

✳ Das Berollen des Gesichts lockert die Muskulatur in diesem Bereich, regt die Durchblutung an und wirkt wohltuend und entspannend. Zusätzlich werden dabei aber auch die zahlreichen Akupunkturpunkte aktiviert, die über das Gesicht verteilt sind.

Nackenmassage

Die Massage des Nackenbereichs wird immer als ausgesprochen angenehm empfunden. Gerade in dieser Körperregion verlaufen sehr viele Lymphgefäße, Nerven und Blutbahnen, die das Gehirn versorgen.

Berollen Sie abwechselnd mit der rechten und der linken Hand den Hals-, Nacken- und Schulteransatz. Schon nach kurzer Zeit werden Sie die erfrischende Wirkung spüren, Müdigkeit und Abgeschlagenheit lassen nach. Außerdem lösen sich durch die Massage mit der Kugel Verspannungen von Nacken- und Schultermuskulatur, unter denen zahlreiche Menschen leiden, die eine sitzende Tätigkeit ausüben.

Im Nacken- und Schulterbereich ist der Energiefluss häufig blockiert. Berollt man diese Zone mit den Gesundheitskugeln, lockern sich die Verspannungen.

Partnermassagen

Die Krönung der Entspannung ist es natürlich, wenn ein Partner die Qigong-Kugeln in langsamen, kreisenden Bewegungen über Ihren Körper rollt.

Außerdem haben Sie bei der Partnermassage einen ständigen Energieaustauch mit einem vertrauten Menschen. Sie können sich dabei wunderbar entspannen und noch mehr von der Massage profitieren.

ENTLADEN DER ENERGIE

Überzeugte Qigong-Anwender entladen ihre Kugeln nach Partnerübungen, weil sie dabei die Energie von zwei Menschen aufgenommen haben. Sie können die Kugeln entladen, wenn Sie sie entweder kurz in ein fließendes Gewässer halten oder einen Windhauch darüber streichen lassen. Sie können sie auch für eine Weile in der Erde vergraben. Die Elemente ziehen die Energie auf sich, die Kugeln werden entladen und können anschließend Ihre Schwingungen wieder aufnehmen.

Austausch von Energie

Wenn möglich, sollten Sie sich mindestens alle vier Wochen von einem Partner mit den Gesundheitskugeln verwöhnen lassen. Bei ausschließlicher Selbstmassage kann es sein, dass fehlgeleitete, die Körperharmonie störende Energien schlecht oder gar nicht abfließen. Eine Partnermassage dagegen ermöglicht die Selbstregulation des Energieflusses, weil ein ständiger Austausch an Qi stattfindet und störende Energie entweichen kann.

Mit einer Gravur versehene Qigong-Kugeln reizen beim Rotierenlassen zusätzlich die Haut. Sie können bei der Partnermassage als Reaktionsverstärker eingesetzt werden.

So wird's gemacht

Der Partner rollt die Kugel mit der flachen Hand über die zu behandelnden Stellen – bei einer Kugelmassage sollten sich kreisende Bewegungen mit geraden abwechseln. Der Masseur konzentriert sich selbstverständlich nicht nur auf die verspannten Bereiche, sondern er wandert mit der Kugel in langsamen Bewegungen den ganzen Körper hinunter, von den Schultern bis zu den Füßen. Man kann die Partnermassage mit einer Hand und einer Kugel ebenso durchführen wie mit beiden Händen und zwei Kugeln.

✳ Der sanfte Druck und die rhythmische Bewegung fördern die Durchblutung der behandelten Körperregionen. Wieder regt man dabei auch eine Vielzahl von Akupunkturpunkten an, was eine positive Wirkung auf die inneren Organe hat.

Zusammenfassung

Die Praxis mehrerer Jahrhunderte findet mit den Qigong-Kugeln ihre Anwendung. Von Formen der Arthritis, wie dem Tennisarm, bis zur Schlaflosigkeit und Migräne reichen die Einsatzgebiete.

Besonders schmerzende, starre Hände oder frierende Finger können gut behandelt werden. Das Kugeltraining bildet auch eine Nebenarbeit zur Akupunktur, deren Abläufe dann besser

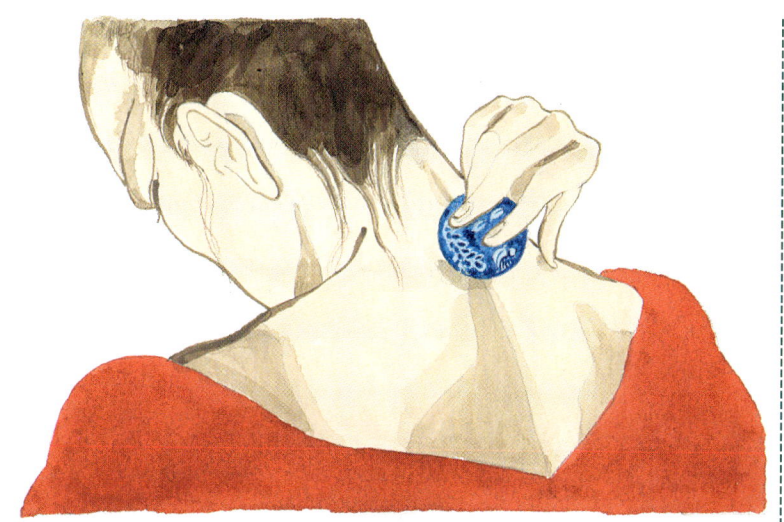

Rollen Sie mit der Kugel über die zu behandelnden Stellen, die kreisenden sollten mit geraden Bewegungen abwechseln.

funktionieren. Nerven des Schädels, des Herzens oder des Magens und Darms sind mit denen der Hände verbunden. Beim Kreisen der Kugeln werden Akupunkturpunkte stimuliert und Blockaden der Meridiane aufgehoben.

Die Kugeln kommen meist paarweise zum Einsatz; im Klang ist eine tiefer, eine höher gestimmt, was die Nerven regulieren soll. Der Übende legt je eine Kugel in eine Handfläche, beugt und streckt die Finger. Die rechte Hand dreht im Uhrzeigersinn, die linke entgegen, und gelegentlich wird die Richtung gewechselt. Jeder übt so lange ein angenehmes Gefühl überwiegt. Anstrengungen sollen vermieden werden. Bei Partnermassagen lösen sich Verspannungen am Rücken besonders einfach. Neben konzentriertem Üben bieten sich auch Arbeitspausen, Lese- und Fernsehstunden für leichteres Training an. Zur besonderen Inspiration bieten sich Übungen mit Musik an. Im Fachhandel gibt es eine spezielle Kassette für das Arbeiten mit Qigong-Kugeln. Die Musik gibt Ihnen den richtigen Schwung für das Training, aktiviert Ihre Kreativität und löst Verspannungen.

Bei allen Übungen mit den Qigong-Kugeln lassen Sie Ihre Fähigkeiten allmählich wachsen und sich verfeinern; versuchen Sie nicht, etwas zu erzwingen. Geben Sie keinesfalls vorzeitig auf, wenn die gewünschte Vitalisierung nicht gleich eintritt.

Wissenswertes über die Qigong-Kugeln

In China erfreuen sich die Qigong-Kugeln schon seit Jahrhunderten großer Popularität. In den Parks der chinesischen Städte treffen sich allmorgendlich die Menschen, um sich mit gemeinsamen heilgymnastischen Übungen wie Schattenboxen oder mit dem Kugelrollen auf den Tag vorzubereiten.

Auch als Geschenk sind die Kugeln beliebt. Besonders zu Hochzeiten wünscht man dem Brautpaar damit nicht nur symbolisch Gesundheit.

Schon im alten China erfreuten sich die Qigong-Kugeln großer Beliebtheit.

Geschichte der Qigong-Kugeln

Die Geschichte des Spiels mit den Qigong-Kugeln ist in China so lang wie ein Fluss mit weit entfernter Quelle. Man weiß heute nicht mehr genau, woraus sich die Gesundheitskugeln entwickelt haben. Aber vermutlich benutzte man in früheren Zeiten vom Wasser rundgeschliffene Kieselsteine oder Nüsse des wild wachsenden Walnussbaumes für das Handtraining.

Durch die runde Perfektion ihrer Gestalt war die Kugel allein schon als geometrisches Gebilde das Objekt von Bewunderung. Auch das einheimische Symbol des Reichsapfels zeigt eine frühe Verehrung der Kugel.

Eine lange Tradition

Der Gebrauch von Kugeln ist bereits aus der Zeit der Han-Dynastie (206 v. Chr.–220 n. Chr.), dem ersten chinesischen Großreich, überliefert. Damals florierte der Handel, blühten Kunst und Literatur. Zeitgenössische Schriftstücke berichten über Kugeln, die seinerzeit gern für Geschicklichkeitsspiele verwendet wurden. Noch tausend Jahre später, zur Zeit der Sung-Dynastie (960–1280), trainierte man die Fingerfertigkeit mit Kugeln aus Holz oder Stein.

Im Mittelalter zeigten Akrobaten Kunststücke mit verschieden großen Kugeln. Auch die Meister der Kampfkunst bewiesen ihre Geschicklichkeit, indem sie gewandt Kugeln als Wurf- oder Schlagwaffen benutzten. Doch diese Instrumente bewährten sich als Kriegsgerät nicht. Vielleicht war das ein Grund, warum sich das Interesse der Chinesen auf eine therapeutische Anwendung der Kugeln verlagerte.

Im 12. Jahrhundert tauchte die uns heute bekannte Qigong-Kugel zum ersten Mal auf. Große Beliebtheit erfreute sie sich in den Anfangsjahren der Herrschaft der Ming-Dynastie (1368–1644). Das Kaiserhaus der Ming vertrieb die Mongolen und öffnete sich erstmals über den chinesischen Raum hinaus.

Das Kugelspiel als Beschäftigung der Kaiser

In der Bevölkerung verbreitete sich das Wissen über Gebrauch und Nutzen der Kugeln schnell. Berichte über die Beliebtheit des Kugeldrehens bei den einfachen Leuten drangen bis an den kaiserlichen Hof, was den Kaiser Tshia Tshing (1522–1567) so neugierig machte, dass er befahl, das gesamte Wissen über die Kugeln und ihre Wirkungsweise zusammenzutragen und zu erforschen.

Sehr angetan von den Ergebnissen, führte der Herrscher die Kugeln am Hof ein. Auf diese Weise bekamen die Gesundheitskugeln sozusagen ihre offizielle Anerkennung. Etwa zur selben Zeit gelang es auch, die ersten Hohlkugeln aus Stahl herzustellen.

In den folgenden Jahrhunderten wurden die Kugeln technisch immer weiter verfeinert, ihre Oberfläche kunstvoller gestaltet. So wurden sie beispielsweise mit Klang versehen und mit Yin- und Yang-Symbolen bemalt. Mit der Verwendung edler Materialien wie Jade und Gold und aufwendigen Emailtechniken kamen die Handwerker dem Geschmack der chinesischen Oberschicht entgegen.

Obwohl sie in China mindestens seit 700 Jahren bekannt waren, tauchten die Kugeln bei uns erst um 1992/93 auf. Der Fremdwörten-Duden definiert 1997 »Qigongkugel: Hohlkugel (mit einer inneren rotierenden Kugel), von denen jeweils zwei nach bestimmten Regeln in der Hand bewegt werden, um durch die Vibrationen die Hand- und Armmuskulatur zu bewegen und den Kreislauf zu aktivieren.« Wir haben uns der Beschreibung und Definition nicht gänzlich angeschlossen.

Hohes Alter durchs Kugeldrehen?

Zu einem regelrechten Boom der Kugel kam es schließlich während der Tsin-Dynastie (1644–1912). Kaiser Qianglong (1736–1799), selbst ein überzeugter Kugeldreher, regierte länger als alle seine Vorgänger und erreichte das für damalige Verhältnisse hohe Alter von 89 Jahren, was vielen Chinesen den Beweis für die gesundheitsstärkende Kraft der Qigong-Kugeln lieferte.

In der ganzen Welt begehrt

Seit dem 18. Jahrhundert werden die Gesundheitskugeln hauptsächlich in Baoding (Provinz Hebei, südwestlich von Peking) hergestellt. Hier hatten sich schon während der Ming-Dynastie Handwerksbetriebe auf das Herstellen von Stahlkugeln spezialisiert. Heute liefern die Kugelfabriken der Stadt ihre Produkte nicht nur im eigenen Land aus, sondern sie gehen in hohen Stückzahlen in die ganze Welt – und die Nachfrage nach den Qigong-Kugeln steigt noch immer.

In China sind die Kugeln unter verschiedenen Namen bekannt. Man nennt sie Bao Djian Tshou, was so viel wie Gesundheitskugel heißt, oder Baici: Schatzkugel.

Was für Kugeln gibt es?

Über Hunderte von Jahren hat sich bis heute ein großes Angebot an Kugeln entwickelt. Da die chinesischen Kaiser den Kugeln einstmals große Aufmerksamkeit entgegenbrachten, gaben sich Handwerker und Künstler bei deren Gestaltung besondere Mühe. Es wurden Kugeln in aufwendiger Bearbeitung und aus edlen Materialien hergestellt, von denen sich viele Exemplare bis heute erhalten haben.

Holzkugeln

Wie schon zur Zeit der chinesischen Kaiser drechseln auch heute noch Handwerker Kugeln aus dem Holz von Pfirsichbäumen oder Dattelpalmen, die sie mit aufwendigen Schnitzereien veredeln. Die Kugeln sind allerdings wegen ihres gerin-

Eine Auswahl der verschiedensten Qigong-Kugeln: Holz-, Stein-, Metall-, Magnet-, Cloisonné-, Klang- und Kunststoffkugeln.

gen Gewichts nicht besonders gut zur therapeutischen Anwendung geeignet, dafür aber unter Sammlern sehr beliebt – diese dekorativen Kunstwerke sind ein schönes Geschenk.

Steinkugeln

Steinkugeln fallen aufgrund ihrer einzigartigen Oberflächenzeichnung besonders auf. Häufig werden so edle Materialien wie Marmor und Jade zur Herstellung dieser Kugeln verwendet.

Die Schatzkugeln aus Stein fühlen sich angenehm und warm an, und man kann sie wegen ihrer etwas rauhen Oberfläche sehr gut in der Hand führen. Da sie Vollkugeln sind, klingen sie nicht, was allerdings ihre therapeutische Wirkung reduziert. Den Steinkugeln fehlt die Vibrationswirkung, die klingende Hohlkugeln aus Stahl haben, dafür besitzen sie aber die heilende Wirkung, die man den Edelsteinen zuschreibt. Besonders von Jade glaubt man, dass er ausgleichend auf den gesamten Organismus wirkt.

Steinkugeln haben leider den Nachteil, dass sie leicht verkrat-

Es gibt Qigong-Kugeln als Schmuckstücke für die Vitrine und solche für die Praxis. Neben den ästhetischeren Metallkugeln werden auch Plastikkugeln verwendet.

So genannte Klangkugeln sind allein auf den Klang ausgerichtet. Für das Training mit Hand und Fuß sind sie aber eher ungeeignet.

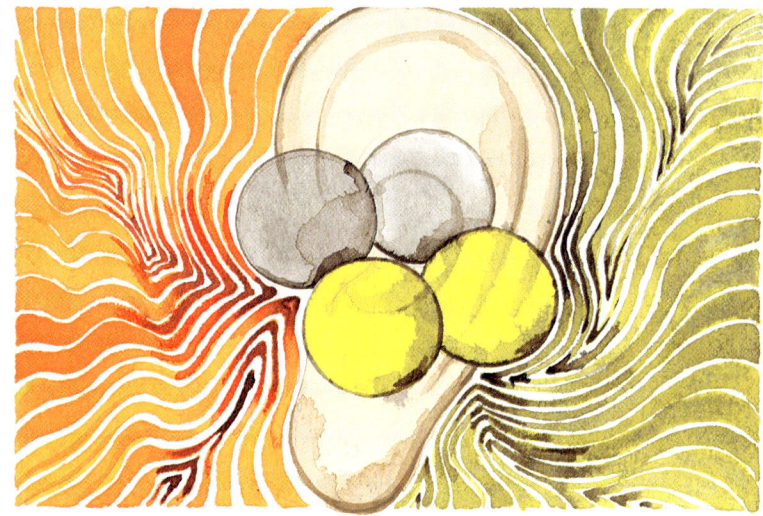

Das recht hohe Gewicht von Metallkugeln und die Vibrationen der Klangkörper sorgen für eine gute Aktivierung der Akupunkturpunkte sowie für eine Kräftigung der Hand- und Armmuskulatur.

zen und schnell zu Bruch gehen, wenn sie auf einen harten Boden fallen. Deshalb sind diese teuren Kugeln für Anfänger weniger geeignet.

Metallkugeln

Neben tiefschwarzen und knallbunten sind die gängigsten Typen silberfarbene, glänzende Stahlhohlkugeln, die sehr robust sind und kratzunempfindlicher als die goldfarbenen.

In ihrem Inneren verbirgt sich eine zweite Kugel sowie eine angeschweißte Klangfeder. Beides ist für die klingelnden Geräusche verantwortlich, die zu hören sind, wenn die Kugeln bewegt werden. Dabei steht ein tiefer Klang für das beruhigende Yin, ein hellerer für das anregende Yang. Ein silberheller Glanz verleiht den Metallkugeln einen stimulierenden Yang-Charakter; sind sie goldfarben, ist der Einfluss des Yin stärker.

Wegen ihrer soliden Ausführung sind Metallkugeln für Anfänger gut geeignet; denn fällt beim Üben mal eine Kugel auf den Boden, besteht keine Gefahr, dass sie zerbricht.

Die Metallkugeln sind auch mit goldglänzender Titanoxid-Beschichtung oder mit einer Oberflächengravur erhältlich. Die Gravuren zeigen Motive aus der chinesischen Mythologie. Beliebte Darstellungen sind der Drache, der das Yang symbolisiert, und der Phönix, der das Yin verkörpert. Die Kombination der beiden Fabelwesen gilt als Symbol für Harmonie.

Gravierte Kugeln haben neben den optischen und symbolischen Effekten für den Benutzer außerdem den Vorteil, dass sie gut auf der Haut haften und deshalb nicht so leicht aus der Hand rutschen können.

Magnetkugeln

Eine weitere Variante der Qigong-Kugeln ist die Magnetkugel. In ihre Oberfläche sind kleine Magnete eingelassen, die zusätzlich einen gesundheitsfördernden Einfluss haben. Sie entfalten beim Training ihre positive Wirkung auf den körpereigenen Magnetismus.

Cloisonné-Kugeln

Als wahre Prachtstücke unter den Gesundheitskugeln gelten die Cloisonné-Kugeln – der Name bezeichnet eine bestimmte Technik bei Goldemailarbeiten.

Die Oberfläche dieser Kugeln besteht aus buntem Email, das mit goldfarbenen Stegen verziert ist; sie sind warm und griffig. Aber Vorsicht: Die bunten Schmuckstücke sind gegenüber har-

Zusätzlich zu den silberfarbenen Standardsorten existieren noch lackierte oder schwarze Kugeln, Tandemkugeln, solche mit aufgetragenem Email und – als Schnickschnack – Qigong-Schlüsselanhänger.

Aus therapeutischer Sicht sind metallene Qigong-Kugeln am interessantesten. Dabei spielen Gewicht und Größe eine große Rolle.

JE MEHR GEWICHT DESTO BESSER

Größere Kugeln sind auch schwerer als kleine, und durch den höheren Gewichtsdruck werden beim Üben die Akupunktur-punkte stärker angeregt. Zudem kann man mit größeren Kugeln vollflächiger massieren, was ebenfalls die Wirkung verstärkt.

MASSE UND GEWICHTE VON QIGONG-KUGELN		
	Durchmesser	*Gewicht/Paar*
Stahlkugeln:	35 mm	200 g
	40 mm	250 g
	45 mm	330 g
	50 mm	460 g
	55 mm	580 g
Magnetkugeln:	43 mm	280 g
	47 mm	380 g
Steinkugeln:	40–55 mm	ca. 350 g

Vor etwa fünf Jahren gab es einen wahren Boom mit Qigong-Kugeln, und sie tauchten bei jeder Geburtstagsfeier als Geschenk auf. Leider haben sich nur wenige ernsthaft damit beschäftigt. Dieses Buch soll auch anregen, die Kugeln wieder hervorzuholen.

ten Stößen sehr empfindlich – in Anfängerhänden also besonders gefährdet!

Cloisonné-Kugeln haben einen großen optischen Reiz, sind für eine Therapie jedoch weniger geeignet. Sie sind als Hohlkugeln mit und ohne Klang erhältlich.

Weitere Kugelarten

Es gibt auch noch Stollenkugeln aus Kunststoff, mit denen man dank ihrer Noppen einen besonders guten Massageeffekt erzielen kann. Häufig werden auch so genannte Klangkugeln angeboten, die allerdings nicht direkt zu den Gesundheitskugeln gehören, weil sie nämlich mit weniger als 35 mm Durchmesser zu klein und zu leicht sind, um in der Hand eine Massagewirkung zu entfalten.

Klangkugeln verdanken ihren Namen einem ausgeklügelten Klangmechanismus, der eine Vielzahl von Tönen im Inneren der Kugel erzeugt. Sie werden meist in Gold oder Silber gefertigt und sind eher als Schmuckstücke anzusehen. Sie sind allein auf den Klang ausgerichtet, und man erhält sie nur einzeln – für das Handtraining sind sie ungeeignet.

Richtige Wahl und Pflege
Welche Größe ist am besten?

Für die richtige Größe gibt es keine allgemeingültigen Regeln, denn sowohl die Handgröße als auch die Geschicklichkeit ist bei jedem Menschen anders. Tatsache ist aber, dass sich die Wirkung bei den größeren Kugeln aufgrund ihres höheren Gewichts wesentlich besser entfaltet als bei den kleinen.

Mit welchen Kugeln sollte man beginnen?

Damit sich schon bald nach den ersten Übungen ein Erfolgserlebnis einstellt, sollte man als Anfänger besser eine kleinere Kugel wählen, weil sich damit die Übungen leichter ausführen lassen.

Wenn Sie sich später ein größeres Paar Kugeln kaufen, sind die kleinen Kugeln auch weiterhin nützlich, denn Sie können sie für die Übungen mit mehreren Kugeln verwenden.

Zum Einstieg in die Technik des Kugeldrehens ist die silberne Stahlkugel empfehlenswert – sie ist sehr robust. Überlegungen zur Farbe und dem damit verbundenen Yin- und Yang-Charakter der Kugeln sollten Sie vorerst vernachlässigen. Das regelmäßige Training selbst ist viel entscheidender für die Heilwirkung.

Die energetischen Verhältnisse der Kugeln werden am besten in einer Hand, der des Besitzers, bewahrt. Um den Körper in Harmonie bringen zu können, muss ein bestimmtes Ladungsgleichgewicht aufrecht erhalten bleiben.

NIEMALS IN FREMDE HÄNDE GEBEN

Manche Experten vertreten die Ansicht, dass man seine Qigong-Kugeln niemals in fremde Hände geben soll. Besonders von Jadekugeln glaubt man, dass sie die Energie ihres Besitzers aufnehmen und speichern können – die Schwingungen anderer Menschen würden dieses Energiesystem stören. Geraten Ihre Kugeln aber doch einmal versehentlich in falsche Hände, so sollten Sie die Kugeln wieder entladen (siehe S. 51).

Wie pflege ich meine Kugeln?

Damit Sie lange Freude an Ihren Kugeln haben, müssen Sie Ihre Schätze auch richtig pflegen.

Um den Glanz zu erhalten, sollte man die Qigong-Kugeln vor Feuchtigkeit und aggressiven Substanzen wie beispielsweise Handschweiß schützen. Wischen Sie daher die Kugeln nach jedem Gebrauch mit einem weichen Tuch sorgfältig ab und reiben Sie die Oberfläche von Zeit zu Zeit mit gutem Fett oder Öl ein; das schützt die Metallkugeln auch vor Rost.

Einen Grundsatz sollten Sie, wenn möglich, immer im Auge haben: Lassen Sie die Kugeln niemals auf einen harten Untergrund fallen.

Marmorkugeln sind sehr empfindlich

Besonders pfleglich sollten Sie Marmorkugeln behandeln. Säuren wie etwa Essig oder Fruchtsäuren in Säften greifen den Stein an und machen die Oberfläche rauh und stumpf.

Um den Bodenbelag in Ihrem Übungsraum zu schonen, trainieren Sie am besten mit diesen Kugeln auf einer Matte oder Wolldecke; denn am Anfang werden Ihnen Ihre Qigong-Kugeln sicher noch häufig aus den Händen fallen. Dabei könnten nicht nur die Kugeln, sondern auch glasierte Fliesen oder Parkettböden Schäden davontragen.

Wie bewahre ich meine Kugeln auf?

Sie müssen Ihre Kugeln jedoch nicht nur vor äußeren Schäden schützen, sondern Sie sollten auch darauf achten, dass sie ihr richtiges Energieniveau behalten. Bewahren Sie die gereinigten Kugeln immer in dem dafür vorgesehenen Brokatkästchen auf.

Setzen Sie oberflächenbeschichtete Kugeln keinen extremen Temperaturbelastungen aus. Da sich Beschichtung und Grundmaterial hinsichtlich der Ausdehnung unterschiedlich verhalten, könnte dies mit der Zeit zu Schäden führen. Generell sollten Sie Ihre Qigong-Kugeln immer an einem trockenen Ort aufbewahren.

Die Autorin des Buchs

Alexandra Cavelius arbeitet als freie Journalistin und Buchautorin. Auf ihren Reportagereisen, die sie auch in die Volksrepublik China führten, kam sie zum ersten Mal mit der Traditionellen Chinesischen Medizin in Kontakt und beschäftigt sich seither mit der ganzheitlichen Sichtweise des Ostens von Gesundheit, Krankheit und Medizin.

In ihren Büchern setzt sie sich besonders mit alternativen Heilmethoden und Psychologie auseinander.

Die Deutsche Bibliothek – CIP Einheitsaufnahme

Alexandra Cavelius:

Qigong. Die magische Kraft der Qigong-Kugeln nutzen./
Alexandra Cavelius. –
Augsburg: Weltbild, 1998
ISBN 3-89604-374-9

Haftungsausschluss

Die Inhalte dieses Buches sind sorgfältig recheriert und erarbeitet worden. Dennoch kann weder die Autorin noch der Verlag für alle Angaben im Buch eine Haftung übernehmen.

Bildnachweis

Alle Illustrationen wurden gezeichnet von Beate Brömse, München
Umschlagbilder: Foto Traudel Bühler, Augsburg

Literatur

Hackl, Monnica: Qigong für jeden Tag. Langen Müller.
  München 1994
Höting, Hans: Qigong-Kugeln für Gesundheit, Meditation und
  Vitalität. Hugendubel. München 1995

Impressum

Es ist nicht gestattet, Abbildungen und Texte dieses Buches zu digitalisieren, auf PCs oder CDs zu speichern oder auf PCs/ Computern zu verändern oder einzeln oder zusammen mit anderen Bildvorlagen/ Texten zu manipulieren, es sei denn mit schriftlicher Genehmigung des Verlages.

Weltbild Buchverlag
-Originalausgaben-
© 1998 Verlagsgruppe Weltbild GmbH, Augsburg, 5. Auflage 2002
Alle Rechte vorbehalten

Redaktion: Dr. Horst Leisering, Barbara Zander
Umschlag: Beatrice Schmucker, Augsburg
Layout: Christine Paxmann, München
Grafik/DTP: satz & repro Grieb, München
Reproduktion: Uhl & Massopust GmbH, Aalen
Druck und Bindung: Offizin Andersen Nexö – ein Betrieb der INTER-DRUCK Graphischer Großbetrieb GmbH, Leipzig

Gedruckt auf chlorfrei gebleichtem Papier

Printed in Germany

ISBN 3-89604-374-9

Register